信州 上田軍記

屈内 泰／訳

ほおずき書籍

上田軍記巻初
目録
上田合戦起之事
信列神川合戦之事
鞠子之城合戦之事
烏帽子形之城合戦之事
沼松等南表出張之事
昌幸父子憑如水之事 德川家儀役所御沙汰
昌幸父子秀吉ニ謁見之事

上田軍記巻初
上田合戦起之支

天正十年三月十三日甲斐の國より武田四郎勝頼
甲州田野にて目出度討死して織田信長の為に生害し
しより真田安房守昌幸父子を上列沼田猿ヶ京
列松尾の城州領しいて威を通ひに振ひ給ふ處
る處に同年六月二日織田信長亮却被成
日向ちをたに殺さ被多き社の福々な甲ひ給

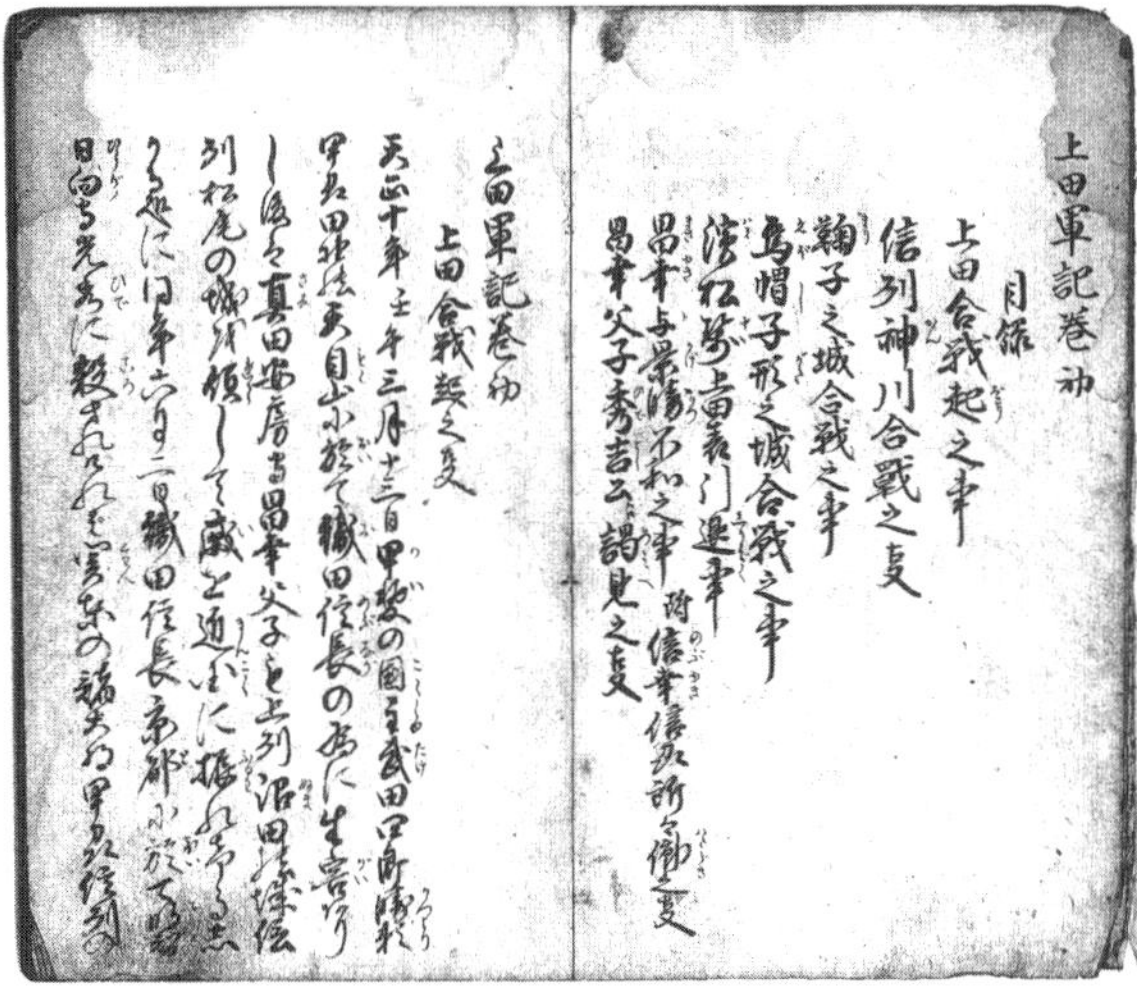

はじめに

江戸時代に書かれた「上田軍記」という書物の存在を知ったのは、昭和五十年頃であった。しかし、それは活字化された書物の上のことであり、それも引用されたり、要約されたりした一部の文章にすぎなかった。いつか、その原文のすべてに行き会いたいものだという願いもむなしく、自分自身が積極的な働きかけをしなかったことも重なって、いたずらに日だけが過ぎてしまっていた。

数年前のある日、偶然にも「上田軍記」の毛筆写本北条家本（上田市舞田）との最初の出会いがあった。ただただ手が震えた。一度出会いがあると不思議なもので、清水家本（上田市小泉）との出会いにも恵まれた。そればかりか、上田市越戸の井沢家本・小県郡長和町下和田の羽田家本ほかの存在も知ることができた。まずは活字化ということで、北条家本・清水家本に挑戦した。とはいえ勤めのかたわらにすることであり、遅々として進まず多大な時間がかかってしまった。

平成十八年の春のことである。戦前の昭和十一年（一九三六）に、上伊那教育会が出版した『蕗原拾葉《ふきはらしゅうよう》』という書物の中に「上田軍記」が入っていることを知った。それも、なんと地元の小県上田教育会館にも『蕗原拾葉』があるというのである。問い合わせをし、早速見せていただくことができた。事務のK先生にコピーまでしていただいて、家に帰って筆者の解読したものと合わせてみると、それぞれ微妙に違っているところがあることや『蕗原拾葉』に所載されたものが一番内容が詳しいことなどが分かった。このまま「自分一人で喜んでいるのは申し訳ない。広く皆さんにも読んでいただこう」と思い『蕗原拾葉』所載の「上田軍記」を底本とし、北条家本・清水家本ほかを参考にしながら現代語訳に挑戦することにした。しかし、これがまた思いの外難しく手間取ってしまった。敬語の使い方が統一されていないこと、繰り返し同じような接続詞が出てくること、言葉を補わないとうまく意味が通じない箇所があることなどによってである。

原稿がまとまりかけた七月のある日、上田市立博物館の館長さんにお会いした際、たまたま「上田軍記の現代語訳に挑戦している」と、お話ししたところ「博物館にも写本がある」とのこと。八月におじゃまし、これも見せていただくことができた。

ともかくも「継続は力なり」でなんとか形にはなった。非力ゆえに表現の稚拙なところもあるが、そこはお許しいただき、まずは真田昌幸父子の活躍と、それを支えた家臣や民衆に思いを馳せながらお読みいただければと願うところである。

なお、どこの「上田」かをはっきりさせた方がいいかな、というような単純な理由から、書名を『信州上田軍記』と改題したこと、原文に註があった箇所は〈　〉で示し、訳者が註を付したり、言葉を補ったりした箇所は（　）で示したことをお断りしておきたい。

●信州上田軍記／目　次●

原文「上田軍記」　89

関連する城郭など》

上田周辺概略図

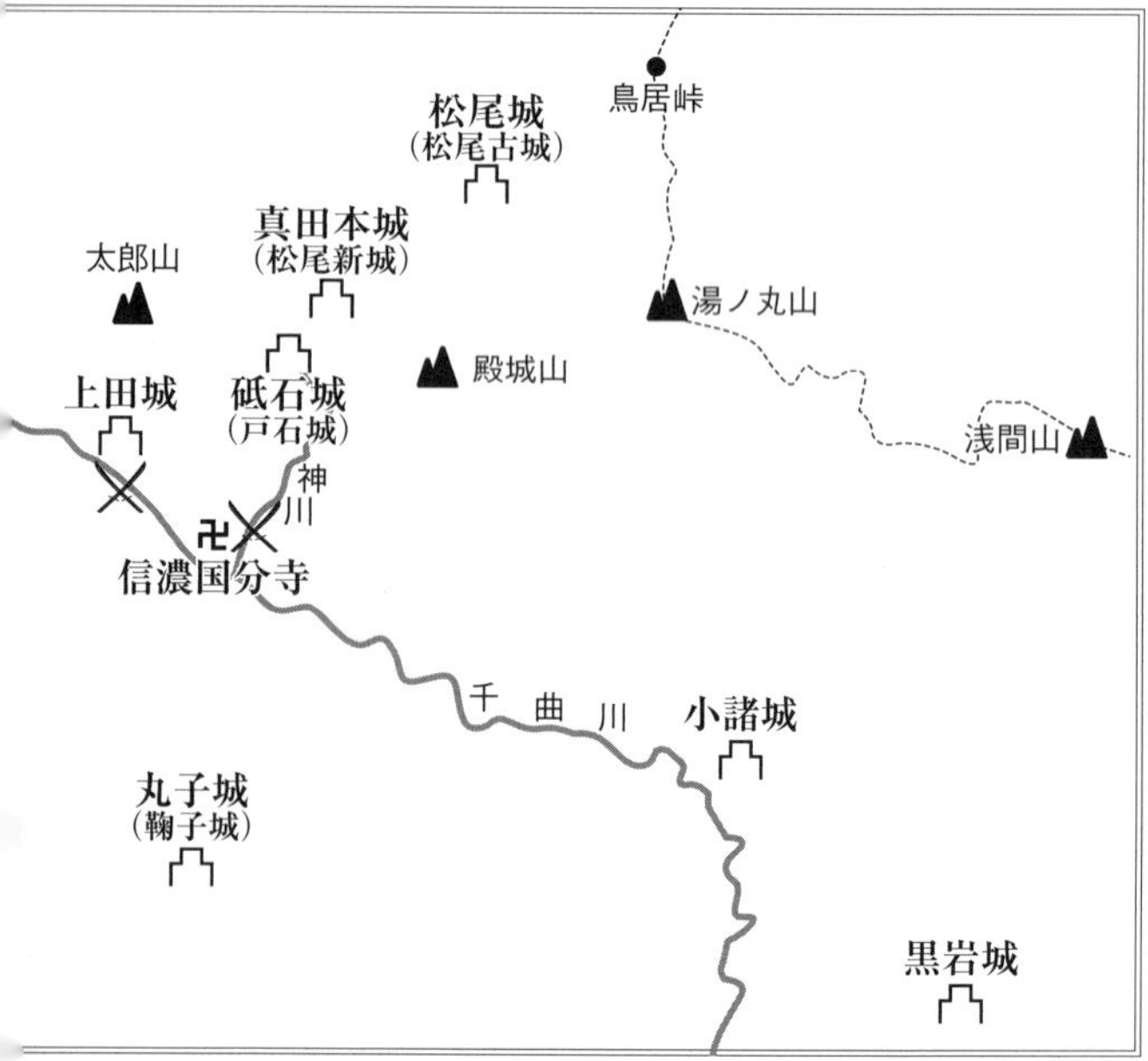

《「上田軍記」に

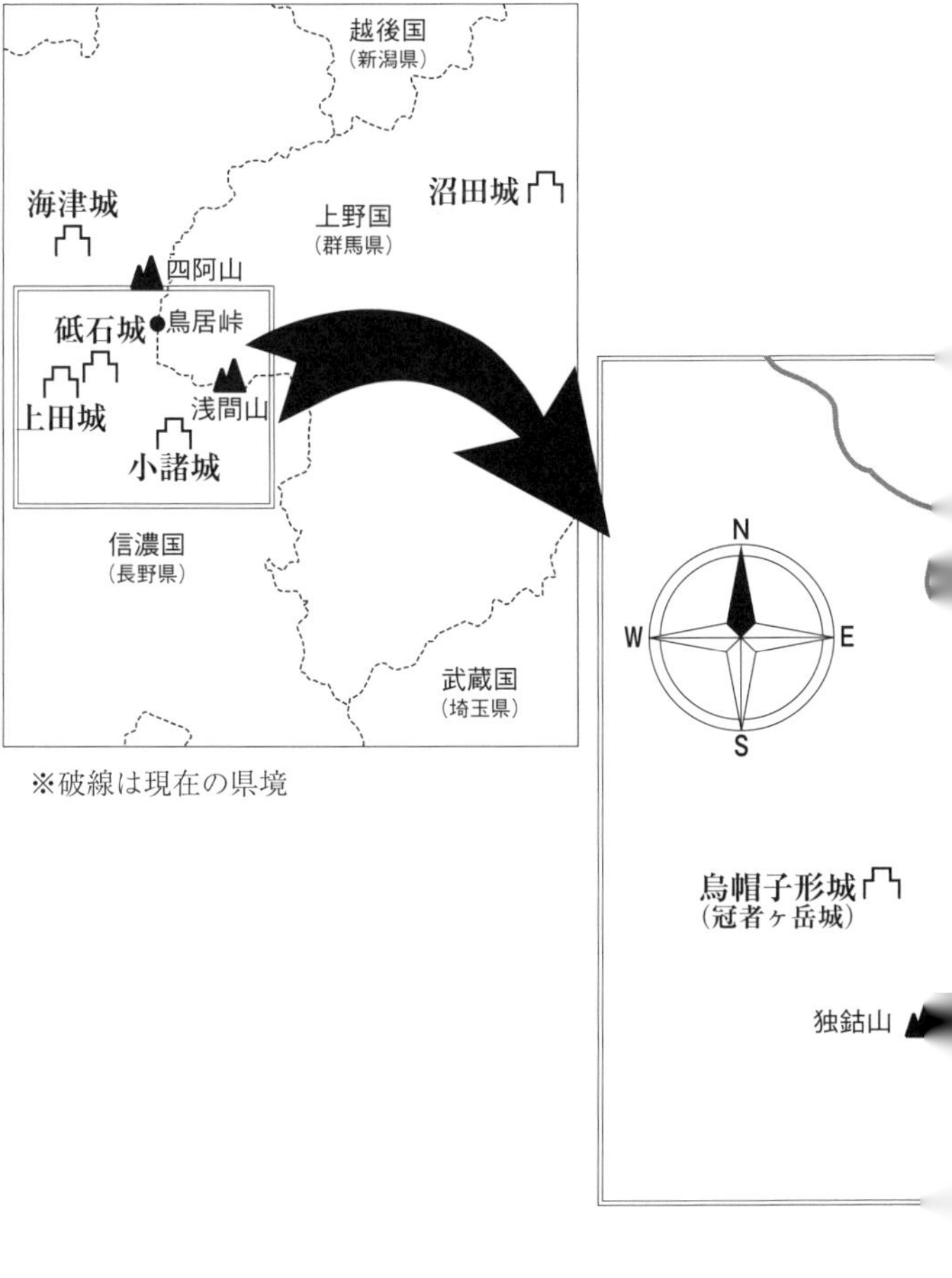

※破線は現在の県境

現代語訳「上田軍記」

上田合戦起こりの事

天正十年（一五八二）三月十一日、甲斐の国主武田四郎勝頼《たけだしろうかつより》が甲州田野（甲州市大和町）の天目山において織田信長のために自殺に追い込まれた後も、真田安房守昌幸《さなだあわのかみまさゆき》父子は上州（上野）沼田の城（沼田市西倉内）と信州（信濃）松尾の城（上田市真田町）を領し、威を近国に振るっていた。ところが同年六月二日、織田信長が京都において明智日向守光秀《あけちひゅうがのかみみつひで》に殺されたため、関東の諸大将は甲州・信州・上州の内に蜂起《ほうき》し、甲州の郷民《ごうみん》や武田の残党は河尻肥後守重能《かわじりひごのかみしげよし》〈甲州を領す〉を殺し、相州（相模）の北条氏政《ほうじょううじまさ》は兵を率いて上州に乱入し、同月二十八日厩橋《うまやばし》

(前橋)の城(前橋市大手)にいた滝川《たきがわ》左近将監《さこんしょうげん》一益《かずます》と戦い、滝川は力つき勢州(伊勢)へと逃げ帰った。信州川中島(長野市川中島町)の城主森《もり》勝蔵《しょうぞう》長一《ながかず》も、その領地〈更級郡・水内郡・高井郡・埴科郡〉を捨てて逃亡した。このような中、信州や甲州の諸大将は互いに威を争い、領地を併合しようという志を持たない者はなかった。越後の上杉《うえすぎ》喜平次《きへいじ》景勝《かげかつ》は信州を奪おうとして川中島に出張《でば》り、北条左京大夫氏政は甲州を奪おうとして郡内(都留《つる》郡、富士吉田市・大月市を中心とする地域)に出張った。徳川家康公も甲州に出張って甲府に陣を据えられた。北条氏直(氏政の子)は上州の碓氷峠を経て信州佐久郡に出張った。この時、真田昌幸は上州沼田にいたので、氏直に従って信州に発向した。

家康公の寵臣《ちょうしん》大久保《おおくぼ》七郎右衛門《しちろうえもん》忠世《ただよ》は、依田《よだ》右衛門佐《うえもんのすけ》信蕃《のぶしげ》〈あるいは芦田下総守(依田信蕃父、信守)〉に「貴殿と真田安房守は旧友である。謀《はかりごと》をもって真田を家康公の麾下《きか》(指揮下)に付けられたなら、一城を攻め落としたよりも大功となろう」と言った。依田信蕃は「真田を味方にするのは容易ではあるが、家康公から大禄を賜わるならば真田にこの旨を告げよう」と答えた。そこで、大久保忠世がこのことを家康公へ申し上げたところ家康公は大いに喜ばれ、「真田を我が味方に引き入れたならば、安房守は言うに及ばず、依田右衛門佐にも重く恩賞を与えよう」と杉浦七蔵を使者として朱印を賜わった。その後、北条氏直と家康公が甲州若神子表（北杜市須玉町付近）で八月から対陣した時に、安房守昌幸は家康公の味方として信州岩村田（佐久市岩村田）の黒岩の城を乗っ取った。そして、依田右衛門佐と示し合わせ同十月に上州碓氷峠に出張り、北条家の糧道を断ち切ったので、北条家の軍勢はやむなく和を請い引き退《の》いた。

○ある記によると、八月二十九日に北条氏直と家康公と和睦があり、家康公からは上州沼田の城を氏直へ遣わされ、氏直からは甲州都留郡（郡内）と信州佐久郡を家康公へ遣わして速やかに兵を引いた云々《うんぬん》。

その後、秀吉公から「上州・信州・甲州の三か国は、家康公と北条家の両者で手柄次第に自分のものとしてよい」との下知があり、甲州と信州は家康公のお手に入り、上州は北条家の領地となった。その時「安房守昌幸の領地沼田の城は上州の内にあり、殊に境目でもあるので、かの地を北条家へ渡す」という氏直と家康公との約束があった。家康公から真田昌幸へ「その方の領分である上州沼田の地を北条家へ渡せ。その替地は信州の内で、こちらから出そう」と仰せられた。昌幸は「それがし、一昨年よりお味方を申した上は、替地をさえ下されるならば、すぐにも沼田を北条家へお渡ししましょう」と答えた。家康公からは「替地は信州伊那にて出す予定である。まず沼田を渡したならば、その後に替地を出そう」と再三使者があった。真田昌幸は「家康公は、それがしを行く行くは手障りになるに違いない者とお考えになられ、領地を削って小身になし、ついには我が家を滅ぼそうとする謀である」と考えて、二人の息子源三郎信幸《のぶゆき》と源次郎信《のぶ》繁《しげ》・譜代旧功の家臣らを召し集め相談した。家臣らは「家康公の武威を見ると日々に高まっております。その上、今日までお味方をし忠節を尽くされてきたのですから、沼田をお渡ししたならば、きっとその替地を早速にも遣わされるに違いありません。打ち捨てておかれることはないと思います。家康公の仰せ寄こされた旨のとおりに任せられるのがよろしいでしょう」と申し上げた。昌幸は、これを聞いて「なんじらが申すところも、もっともである。しかしながら沼田を渡したその上に、替地のことは沙汰《さた》もなく、上田をも渡せと言われた時は各々《おのおの》はどう思う」と言った。家臣らは「そのように理不尽なことはないと思われます。もしそのようなことであったならば、一同命を捨て籠城《ろうじょう》つかまつります」と申し上げた。昌幸は大きく笑って「このたび沼田の城を渡して小身になり、その上でくれるという各々が命をただ今申し受けよう。兎角《とかく》に手切れをするということならば、沼田の城をも所持したままで手切れするのがよい謀である」と言った。そして上田へ籠城することにお決めになって家康公へこう再返答した。「それがしこと、一昨年甲州へご出張りの時、最初よりお味方に参り粉骨を尽くさせていただきました。そのため、速やかに信州がお手に入ったのです。ですからご褒美を頂戴《ちょうだい》してもよいところであるのに、その沙汰もなく、結局真田昌幸が力を尽くし鉾《ほこ》をもって手に入れた沼田をも、替地も下されずに召し上げるということは迷惑に存じます。そもそもこの沼田は徳川殿並びに北条殿より申し受けた領地ではございません。昌幸が武勇をもって領する所ですので、意のままに支配せよとこそ仰せられるべきなのに、沼田を北条家へ渡せとは覚悟に及ばぬところです。どうして差し上げることができましょう。この上は家康公のお味方を申し、忠節を尽くしても甲斐もないことです。沼田を渡すことは思いも寄りません」ときっぱりと断り、いよいよ手切れとなった。家康公は、大いに腹を立てられ「この上は大軍をもって上田の城（上田市二の丸・大手）を攻めよ」と評議された。

○ある記によると、天正十年（一五八二）六月二日に織田信長が京都において横死した後、甲州は家康公の領地となった。一方、相州小田原の城主北条左京大夫氏政は甲州を攻め取ろうと、嫡子新九郎氏直を大将とし大軍を添えて甲州へ出張らせた。家康公はこれを聞かれて軍兵を率いて甲州へ発向され、数か月の間北条家と対陣し、互いに勇を振るい合われた。その時、北条氏政の舎弟美濃守氏規《うじのり》は様々にとりなし、両家の和睦を成立させた。これによって「北条家からは信州佐久郡を家康公へ渡し、家康公からは上州沼田を北条家へ渡す」と約束し、双方共に軍を引き揚げた。その後、北条家は信州佐久郡を家康公へ渡し、約束どおり「上州沼田を渡してもらいたい」と申し送った。そのため、家康公は使者を沼田の城主真田安房守昌幸方へ遣わし、「その方の領地沼田の城地を北条家へ渡せ。その替地は他所にて遣わそう」と仰せられた。昌幸は「そもそもこの沼田の領地は、徳川殿・北条殿より頂戴した所領ではございません。安房守が一身の才覚・武勇をもって手に入れた所領です。理由もなく北条家へ渡すことは思いも寄りません。その上昌幸は徳川殿の麾下に属して以来、度々軍忠を尽くしたにもかかわらず恩賞の沙汰もなく、これをこそ不審に思っているその上に、自力をもって手に入れた領地を差し出せとは、覚悟に及ばぬところです。それゆえ、沼田を北条家へ渡すことは決してかなうことではありません」と申し切って、家康公のお使いを返した。家康公は大いに怒られて、大久保忠世・鳥居元忠《とりいもとただ》・平岩親吉《ひらいわちかよし》を大将として兵を信州へ遣わし、上田の城を攻めさせられた云々。

信州神川合戦の事

天正十三年（一五八五）八月、真田昌幸は家康公へ手切れの返答をした。これを聞かれた家康公は「安房守が言う旨もその道理があるには似ているが、我既に他所にて替地を出そうと申しているのであり、安房守の領地を一円に取り上げるというのではない。どうしても沼田を北条家へ渡すことを迷惑に思うならば幾度も訴訟すべきなのに、そうではなくして家康の手を離れ敵対の色を立てるのは言語を絶した不届きである。急ぎ退治せよ」と、諸大将を選んで信州上田の城へ向けられた。家康公も軍兵を率いて甲州若神子まで出馬された。上田の城へ馳せ向かう先手の人々には、鳥居彦右衛門元忠・大久保七郎右衛門忠世・同治右衛門忠《ただ》佐《すけ》・岡部《おかべ》二郎右衛門正綱《まさつな》・同弥二郎長盛《ながもり》・平岩七之助親吉《ちかよし》・柴田《しばた》七九郎重政《しげまさ》を大将として、そのほかに保科弾正《だんじょうのじょう》忠正久・矢代越中守正信・三枝《さいぐさ》平右衛門守勝・曽根内匠助《たくみのすけ》ら大小数多《あまた》、信州の先鋒衆諏訪安芸守《あきのかみ》頼忠をはじめ下条・知久・遠山・大草らを案内者として、総勢七千余騎であった。

上田へも「浜松勢、多く向かう」と聞こえてきたので、昌幸は謀をめぐらし、手勢は言うまでもなく多くの甲州衆（旧武田家の家臣）や願行寺などという出家をはじめ郷民らに至るまで、皆防戦の用意をさせた。この時、上田に来ていた伊勢の御師《おし》（護符や暦などの配布を業とする神職）で広田武大夫という者が「日ごろのご厚情に報い申そう」と言って籠城の仲間に加わった。かれこれ合わせ雑兵ともに二千には足らない人数ではあったが、昌幸は勝れた大将であるので思いも寄らない謀を用意して籠城した。そして、矢沢三十郎頼貞・海野喜兵衛を使者として越後の上杉家へ加勢を請われた。上杉景勝はこれを許し、塩尻口（上田市と坂城町の境、鼠宿辺り）まで後詰《ごづ》めの軍兵を出張らせた。また上州沼田の城には矢沢薩摩守頼綱を大将として、沼田の七人衆下沼田豊前守・恩田伊賀守・発智《ほっち》三河守・恩田越前守・和田主殿助《とのものすけ》・久屋勝五郎・岡野加賀守・金子美濃守・木曽甚右衛門をはじめとして大勢を籠《こ》め置いた。

天正十三年（一五八五）閏八月二日、家康公の先手は鳥居・大久保・岡部・平岩を大将として、その勢七千余騎で長瀬河原（上田市長瀬）から猫の瀬を渡って国分寺表（上田市国分付近）へ押し寄せ、上田の城へと詰め寄せた。安房守昌幸はかねてからの謀として、五間に三間の千鳥掛けを三か所ずつ結わせ置いて、神川を前にして陣を備え、「もし敵勢が川を越えて来たならば一せり合いして軽く引き取れ。そうすれば敵は食い付いてくるであろう。その時存分に引き入れよ」と細々《こまごま》と密談し、人数二、三百を引き分けて嫡子源三郎信幸・二男源次郎信繁（幸村）に添え、上田の城から三十丁（約三・三キロメートル）ばかり出張らせた。そして、安房守昌幸自身は手回りの軍勢を合わせ五百人ばかりで上田の城に控え、大手の門を閉じ矢倉（櫓）に登り、甲冑《かっちゅう》も着けずに祢津長右衛門を相手に碁を打っていた。

○ある説によると、この時昌幸の碁の相手をしていたのは来福寺と祢津長右衛門の二人である云々。

さて信幸・信繁が指図のように神川の端まで出張ったところ、敵勢が川を越えて押し出してきたので黒坪村（上田市国分黒坪）という所でせり合いがあった。信幸・信繁は敵を追い崩し首を多く討ち捕り、勝ちに乗じて馬を進め追い討とうとした。板垣修理《しゅり》と来福寺の二人が「前々からの謀をお忘れになられたか」と言って馬の口にすがりついて止めたので、両将は「実にも（確かに）」と直ちに聞き入れて軍兵を引き揚げた。すると、思ったとおり敵勢は食い付き、千鳥掛けをも構わず両将を討ち捕らえようと後を追い慕ったが、両将は横曲輪《よこぐるわ》へと引き取った。そして、物見の者どもが「敵、既に間近に迫って参りました」と注進すると、昌幸は「敵、来たらば斬れ。斬れ」と言ってなお碁を打って時を過ごしていた。浜松勢は初め両大将が弱々しく引き取り、今城の際まで詰め寄せたのにさしたることもないので「城中は小勢なり」と見侮《あなど》って、総軍一度に鬨《とき》をつくり我先に乗り入ろうと争い進んだ。その時に、真田昌幸は「時分は良きぞ」と、手回り五百ばかりの軍兵を左右に進ませて大手の門を開かせた。敵兵は勢いに乗って、門の際まで押し詰めて来た。真田昌幸は采配を取って下知し、無二無三に突いて掛かり討って出た。その上、先ほど横曲輪へ引き取った信幸・信繁兄弟が備えを固め、横鎗《やり》に突いて掛かり町屋に火を掛けた。折から風が烈《はげ》しく吹き、火は四方に飛び散った。煙の下から信幸が旄《ぼう》（先に犛牛《ぼうぎゅう》の尾を付けた旗竿、牛はヤクのこと）を取って「掛かれ。者ども」と下知した。また、前々から合図を定めて四方の山々谷々林の中に伏せておいた郷民《ごうみん》たち三千余人が、城中からの太鼓の音を聞くと同時に鬨を合わせ、紙旗を差し連らね鉄砲を撃ちながら山々谷々林の中より一斉に起こり立って、寄せ手の後陣へ遠慮もなく討って掛かった。町中へ攻め入った寄せ手の兵らは、攻め寄せる時には苦にもならなかった町中の千鳥掛けが、逃げる時になると邪魔になり進退の度を失ってしまった。ここで浜松勢は大勢討ち滅ぼされた。信幸・信繁両大将は染ケ馬場（上田市国分の北に展開する染屋台地の土手、馬場＝はば＝土手）から横鎗に突いて掛かり追い崩し、かなわずに引き退く浜松勢を国分寺（信濃国分寺付近）まで追い討ちにし、残らず討ち取った。浜松勢は後ろに大きな川があるため、引き退きかねて死を決意した。それと見た安房守が軍兵を引き揚げたので、敵勢も川を越えて引き揚げた。その時、鳥居彦右衛門元忠が軍兵を引いて川を渡ろうと川中へ入った。それと同時に、安房守が旌を取って「掛かれ。掛かれ」と下知したので一斉に突いて掛かった。折から神川の水がおびただしく増し、敵兵の半分以上が水におぼれてしまった。

○ある記によると、神川は元は加賀川と言った。後に白山権現を真田の山（四阿山《あずまやさん》）の上に勧請《かんじょう》したが、その山の中から流れ出る川ということから神川と改めた云々。

中でも、鳥居彦右衛門の軍兵が多く討たれたという。味方の軍勢が勝ちに乗って神川を越えて追って行くと、大久保平助忠教《おおくぼへいすけただたか》〈後に彦左衛門と号す〉が一騎取って返し、名のり掛けて馬を下り、鎗を取って待ち構えていた。これを見た兄の治右衛門忠佐も同じく取って返した。さらに、その兄七郎右衛門忠世も同じく馳せつけ、金の揚羽蝶の指し物を差し上げて敗軍の士卒を集めた。すると、天方喜三郎・天野小八郎・松平七郎右衛門・十塚久助・後藤惣平・足達善一郎・太田源蔵・松井弥四郎・気多甚六郎・江坂茂助らをはじめとして、百騎ばかりが馳せ集まった。大久保七郎右衛門忠世は大将の器量のある侍なので敗軍に気を屈しないで、小高い場所に打ち上って百騎ばかりを従えて控えていた。味方の軍兵も勝ち誇って、逃げる敵を追い討ちにした。浜松勢の中から「小見孫七郎」と名のって一騎取って返し、三度まで返し合わせて戦ったが、ついに取り込められ討たれてしまった。浜松勢の大将大久保七郎右衛門忠世が新手を入れ替えて討って掛かると、上田勢は初めから手痛く働き疲れていたので、浜松勢に掛け破られて引き退き敗軍しかけた。その時、望月主水《もんど》が大音声《おんじょう》に「言う甲斐もなき者どもかな。今引き返してこの泥の中へ踏み込まれ、討死して名を汚すのは無念な次第である。いずれは死なねばならぬ命である。彼様《かよう》に逃げるよりは返し合わせ、敵（しかるべき敵）に逢《あ》って討死せよ」と呼ばわって引き返した。そこで、皆がこのことばに励まされて一緒に取って返し、突いて掛かり浜松勢を追い崩した。この時、浜松勢の岡部弥治郎長盛は八日堂村（上田市国分国分寺）近くの染ケ馬場に人数を集めよく凌《しの》いでいた。上田勢の日置五右衛門〈豊後守の子、則隆〉は大久保忠世を討ち取ろうと相験《あいじるし》（味方であることを互いに確認するための目印）を取り捨て、浜松勢の中へ紛れ入って機をうかがっていた。依田助十郎も同様に五右衛門に続いていた。大久保平助忠教はこれを見て「ただ今来た兵の中で、萌黄《もえぎ》糸の鎧《よろい》に筋冑《すじかぶと》を着けて葦毛《あしげ》馬に乗った武者は、真田の軍士と思われるぞ。もらさずに討ち取れ」と声高に呼ばわり、鎗を取って突いたが日置五右衛門の乗った馬の前輪に突き当たっただけだった。五右衛門は馬で駆け抜け、大声で「大久保治右衛門（忠佐）を討とうと計って来たが、天晴《あっぱ》れ運の強き士かな」と言い捨て、味方の陣へ駆け戻った。依田助十郎も敵の中を切り抜けようとしたが、ついに大河内善一郎に討たれてしまった。このような中、安房守昌幸父子は軍勢を引き揚げた。

その時に家老が「もう一息攻め掛けたならば、浜松勢に足は留めさせません。何国までも追い討ちましょう」と言った。昌幸はこれを制して「日は既に夕日に及んでいる。その上に味方は小勢である。終日の軍に入れ替わる勢もなく疲れている。戦は今日だけと思ってはならない」と言って軍兵を引き揚げ、父子列座して討ち取った首の実検をしたところ千三百余りあった。そのほか、水におぼれた者は数がわからないほどであった。上田勢は（おぼれた者）二十一人。死者は雑兵共に四十余人。（主立った者で）討死したのは依田一人であった。この時、粉骨を尽くして馳せ回った者どもには、望月主水・板垣修理亮《しゅりのすけ》信形・来福寺・石井舎人《とねり》・木村土佐・荒木肥後・高槻備中・瀬下若狭・大熊五郎左衛門・同勘右衛門・金井豊前隆清・同金右衛門清実・上原某《なにがし》・三輪琴之助・水科新助・春原某・高梨某・成沢勘左衛門・小屋右衛門七・高野某・車某・池田清兵衛・小泉源五郎・塚本某・白倉武兵衛・吉田庄助・田口文左衛門・窪田某・堀田角兵衛・矢野孫右衛門・松崎五右衛門・原三右衛門・同監物・同右近・祢津長右衛門・祢津志摩・市場茂右衛門・日置五右衛門らのほか数多あった。

この折に、沼田の七人衆が上田へ飛脚を寄こした。それに対する信幸の返書が残っている。それには、次のような記述がある。

◎信幸の書状

芳しい書状を拝見した。遠州より（徳川勢が）出張って来たが、去る二日国分寺において一戦し、千三百人余りを討ち取り（こちらの）備えは十分である。そこで、南衆（北条家）がそちらの表に攻め働くに違いない。ついては堅固の備えを頼み入る。恐る恐る謹んで申し上げた。

閏《うるう》八月十二日

真田源三郎

信幸　判

下豊　〈下沼田豊前守のことなり〉

恩伊　〈恩田伊賀守のことなり〉

木甚　〈木曽甚右衛門のことなり〉

恩越　〈恩田越前守のことなり〉

発参　〈発智三河守のことなり〉

（この書状には）沼田七人衆のうち五人の名があるので、このほかにも一、二通の書状があったものと考えられる。南衆とは北条家のことである。この時北条氏直も大軍を率いて沼田の城を攻めたが、城代矢沢薩摩守頼綱や大熊靭負《ゆきえ》・沼田七人衆が堅固に防いだので、仕方なく軍兵を引き返した。この沼田七騎の子孫たちは、今皆家来となって当家に仕えている。この信幸の書状は恩田長右衛門の家に伝えられている。

○ある記によると、家康公は「急ぎ真田を退治せよ」と、大久保忠世・鳥居元忠・平岩親吉・岡部長盛らを大将として七千余人を上田表へ向かわせた。真田安房守は「敵、大勢向かう」と聞くより先に、近辺の立木を薙《な》ぎ作毛《さくもう》を刈り取って城の門を差し固め、足軽をさえ一人も（外へ）出さなかったので弱々しく見えた。寄せ手はこれを見侮って攻め道具をも用意せずに、総軍一度に鬨をつくって我先にと争い進んだ。その時、安房守父子は千余人を率いて「どっ」とわめいて突いて出た。昌幸はかねてから郷民らと語らい、合図を定めて四方の林の中から鬨を合わせ、ことごとく起こり立って寄せ手の中へ攻め入らせた。そのため、寄せ手は大きく騒ぎ動じて一戦もせずに敗軍してしまった。上田勢は勝ちに乗って「逃がさん」と追い討った。その時に大久保七郎右衛門忠世と平岩七之助親吉はたった二人で踏みとどまり、追い来る敵と突き戦をした。これを見た二人の郎党七、八人が引き返し、主人の前に出て戦った。本田主水正と尾崎左衛門尉兄弟は殿《しんがり》をし、城兵が追い来れば追い戻し、さんざんに戦った。しかし、真田父子が真っ先に進み手痛く敵を追い散らしたため、ついに尾崎兄弟は討死してしまった。徒立《かちだ》ちの兵たちは真田勢にもみ立てられ、右往左往しながら崩れ立ったが、大久保と平岩はなお堪《こら》えて防ぎ戦った。酒井与九郎も踏みとどまって戦った。鳥居彦右衛門元忠の配下の軍兵たちが追い立てられて逃げるのを見て、戸石（砥石）の城（上田市上野）から真田勢が突いて出て、逃げる敵を追い討ちにした。浜松勢の本田主水・乙部藤吉郎・畔柳孫左衛門は無双の弓取りであるので返し合わせて踏みとどまり、矢種を惜しまず射ているうちに城兵が少し猶予したので、神川を越えて引き退いた。遠州勢は、これまでの退き口に屈強の兵三百余人が討たれた。大久保忠世は金の揚羽蝶の指し物を高々と差し上げさせ、敗軍の士卒を集めたが百騎は超えなかった。しかし、大久保忠世は気を屈しないで高い所に備えを立て、追い来る敵を待った。真田父子も川を前にして備えを固め控えていた。大久保忠世は平岩親吉に軍使を遣わして「敵の軍勢が寄せてこない間にもう一戦しよう」と申し伝えた。平岩は「郎党が多く討死し、小勢なればばかなうことではない」と返答した。今度は鳥居に使いを遣わしたところ、鳥居は「士卒が大勢討死して小勢である。味方の総勢を合わせても、勝ち誇っている敵には対応することが難しい。仮にいったんは利を得たとしても、後日の軍に利はないだろう。これに加え味方の兵はことごとく臆してしまった。ただ、ここに陣取って、この軍の次第を浜松へ申し送り、加勢を請うて戦うのがよいだろう」と言って使者を返した。大久保は大いに憤り、「臆病心のついた人には評定の甲斐がない」と独り言を言って、なおも口惜しく思ったのであろうか、手勢百騎ばかりをそろえて川端に出張り、備えを固め控えていた。真田父子は何を思ったのか、軍兵を引き払い上田の城へ入ってしまった。そこで、大久保も備えを引いた。
○一説によると、この時三州（三河）勢は国分寺表へ押し寄せた。昌幸は、まず小路の中に三か所ずつ柵《やらい》を結わせた。大手は嫡子源三郎信幸、搦手《からめて》は昌幸、その軍勢合わせて三千余人であった。城中には二男源次郎信繁を残しておき、持ち場を固めて沼田・吾妻の勢を矢沢（上田市殿城矢沢）の山陰に隠し置き「合戦が始まった最中に笹井村（上田市古里笹井）・黒坪村（上田市国分黒坪）へ打ち出て敵の跡を取り切れ」と策を定めた。そして、まず「常田出羽守・高槻備中守両人は、大宮表（上田市常田付近）へ打ち出て敵を引き入れよ」と、総勢三百ばかりが打って出て鉄砲を撃ち掛けた。すると、敵も足軽を出し鉄砲を撃ってきた。弱々と対応しては引き退き、追い来ればまた追い返して時を移した。そして「時刻は良し」と先手の勢が鬨をあげて一斉に攻め掛かると、敵も総掛かりに掛かって戦った。しばらく対応して引き退くと、寄せ手は勝ちに乗って追い掛けてきた。いよいよ堪《こら》えかねた様子で柵の木の内へ逃げ込むと、予想どおりに付け入って我先にと攻め入ってきたので脇小路へ引き退いた。その時町屋へ火を掛け、煙の下から源三郎信幸が采配を取って「掛かれ。者ども」と下知した。今か今かと待っていたところなので「どっ」と立ち上がり、まっしぐらに突いて掛かった。搦手からも鬨を合わせ、寄せ手の後ろを取り切ろうと染屋村（上田市古里染屋）に沿って押し出した。先ほど引き揚げた常田出羽と高槻備中の二人が、南の方から回って大宮表へ掛け出た。町中へ攻め入った寄せ手の軍勢は、火は掛かるわ手しげく攻められるわで、かなわず引き退いたが、柵の木に急かされ煙に迷い、度を失って大半は討たれてしまった。城方は勝ちに乗じて攻め掛け攻め掛け、風のごとくに乱れ雲のごとくに集まり、ここを先途と攻め戦った。この時、沼田勢は黒坪村の上へ打ち出て、後ろから鉄砲を撃ち掛けて方々へ敵を打ち散らしてわめき叫んで攻めたので、ついに寄せ手は打ち負けて東を指し神川を越えて引き退いた。大久保平助は一騎取って返し、名のり掛けて鎗を合わせた。これを見た兄の治右衛門も引き返し、百騎ばかりになった。昌幸父子は馬を乗り回して下知し、軍兵を引き揚げた。家老どもが「どこまでも追い掛けて討ち取りましょう」と言うと、昌幸は制して「日も夕陽に及んだ。その上味方は小勢であり、終日の戦に入れ替わる勢もなく、ことごとく疲れている」と言った。そして、討ち取った首を実検したところ、その数は五百三十あった。昌幸はこの趣を早馬で、塩尻口の上杉家の大将に

「軍には討ち勝った。今夜敵陣へ夜討ちをするつもりである。急いでその手の軍兵を後詰めとして出されたい」と申し遣わした。しかし、上杉勢は少しも塩尻口を出ようとはしなかった。そこで、川を前にして矢来を結わせ備えを固めて篝火《かがりび》をたかせ、兵が終日の戦に疲れているので昌幸父子は三人で馳せ回り、厳しくその怠りを戒めて夜を明かした。その後は互いに川を境に陣取り、日々せり合いがあった云々。

鞠子合戦の事、附信幸物見の事

閏《うるう》八月二日、遠州（遠江）勢はすっかり敗軍してしまった。上田の城兵は大いに利を得て勇み、浜松勢は皆気を屈した。浜松勢の大将大久保七郎右衛門忠世はしきりに士卒を励まし、同三日に諸大将皆一緒になって鞠子〈丸子〉の城（上田市腰越）へ攻め掛かろうと、千曲川を馳せ越えて八重原（東御市八重原）へ押して出た。これを見た上田方は、敵を欺こうと海野（東御市本海野）から八重原の下を押し通り手白塚（上田市塩川）に働き出た。そして、さらにこれを見た寄せ手の大久保忠世は柴田七九郎重政を軍使として鳥居・平岩の陣へ遣わし、「両人は軍兵を千曲川の端へ出されよ。忠世は岡部と一手になって中を取り切り、祢津《ねっ》の原(東御市祢津)へ押し上って皆で進み、真田の軍勢を取り巻きにして討とう」と言ったが、鳥居も平岩も同意しなかった。大久保は大いに怒り、また使者を遣わして「面々が川端までも出陣し難く思うならば、この山陰に人数を備え忠世の後へ続かれよ」と伝えた。しかし、両人はまたもや従わなかった。そのため忠世は鞠子の城を攻撃できず、八重原に陣して敵が通るのをただうかがっているだけだった。同月十九日には(徳川方の)諏訪安芸守頼忠が、二十日には昌幸父子三人が丸子川に出張って、足軽を先頭に鉄砲を撃ち掛け、合戦を仕掛けた。大久保忠世はまた使者を馳せて、鳥居・平岩に「真田父子が三人とも今ここに打ち出て、戦を仕掛けている。各々も早く当所へ来て戦おう」と申し送ったが、両人は戦っても利のないことを推察したのであろうか、さらにこれに従わなかった。これを聞いた岡部弥二郎長盛は忠世の陣に馳せ加わり、一手になって上田勢に討って掛かった。上田勢の先手は少々追い立てられたが、備えを立て直しさんざんに戦い、軽く人数を引き揚げた。遠州勢は昨日の合戦に懲《こ》り、戦意を失ってしまった。真田勢の先手の者たちが思いの外に敗走したので、「鳥居・平岩が一緒になって戦ったならば、真田父子のうち一人は討ち取ることができたものを、口惜しいことよ」と後悔した。その後も昌幸父子は度々打ち出て武威を振るったが、浜松勢は疲れた上に戦うたびに利を失い、少しも取り合わず、いたずらに日を送ることとなった。

烏帽子形の城合戦の事

この時、信州小県郡内の塩田辺（上田市の塩田を含めた川西方面）の者たちが杉原四郎兵衛という者を大将として一揆を起こした。家康公の味方として近隣を略奪し、冠者ケ岳（子檀嶺岳）の烏帽子形の古城を修復して立て籠った。昌幸はこれを討つため、嫡子源三郎信幸に軍兵を添え、冠者ケ岳へ向かわせた。信幸が出馬して、かの方面を巡見した時に、馬屋別当（馬丁）の水出大蔵という者が信幸の前に進み出て、「この城の姿を見ますと、前は険阻《けんそ》ですが後ろはなるくなっております。鉄砲の者を後ろの方へ回し、後ろから撃ったならば城中は堪《こら》え難いでありましょう」と申し述べた。信幸は「もっとも」とおぼし召されて、大蔵の言うように鉄砲の者を後ろへ回し、山の峰へ撃ち掛けさせた。そして、山の下にある堂の中に入って鬨をあげさせ、さらに堂の板をたたいて鬨を合わさせた。すると、思ったとおり一揆の者たちは一支えもしないでことごとく敗北した。落ちて行くところを追い討ちにし、数多の者たちを討ち捕らえた。一揆の大将杉原四郎兵衛をはじめとして、生け捕りにした者も数多あった。昌幸は、前に引き出された杉原を見て「かの者は由緒ある者である。いずれ役にも立つ者である」と言って直ちに赦免し、信幸の家来の列に加えた。

後に信幸は、この城が即時に落城したことを「水出の一言はだれもが知っていることではあるが、その時に当たると気の付かないものである。まったく馬屋別当の出過ぎた行為ではあるが、彼はこの地の様子をよく知っている者である。大蔵の謀を用いて勝利を得たのはまだ新しい（最近の）ことではあるが、戦場では特にその人に倚《よ》るのではなく、道理に随《したが》い、よろしきに任せなくてはならない。身分の軽い者であると言って侮り、大蔵の申すことを聞き入れなければ、この城は一時には落ちなかったであろう。堂の内へ入って鬨の声をあげたのも水出の謀である。多勢のように響かせようと謀ったのだ」と語った。また、水出にはご褒美が与えられたという。

浜松勢上田表引き退く事

上田表の合戦に寄せ手は毎度討ち負けてしまったので、遠州へ軍使を馳せて加勢を請うた。家康公はこれを聞いて「早く軍兵を引き取らせよ」と下知された。けれども上田の城兵が食い付いて戦を仕掛けるので、引き取ることがなかなかできなかった。そのため遠州から井伊《いい》兵部《ひょうぶ》少輔《しょうゆう》直政《なおまさ》・松平《まつだいら》周防守《すおうのかみ》康重《やすしげ》の両人が「信州に赴き人数を引き取れ」と家康公より命ぜられた。井伊直政と松平康重は五千人の軍勢を率いて、天正十三年（一五八五）九月十三日に上田表に着陣した。毎度の恥辱をそそごうと思ったのであろうか、二十余日対陣して度々軍を仕掛けたが城中からは一人も出ず、取り合わなかった。このような時に松平周防守の忍びの者たちが、周防守に「真田安房守が越後へ加勢を請われました。また甲州の広淵寺に故武田四郎勝頼の御舎弟龍峯（龍芳）〈目が不自由。俗名武田大夫。海野殿と号す〉と申す住職がおります。これを真田の家来らが取り立て一揆を起こそうと謀っている様子です」と告げた。周防守はこれを聞いて井伊直政に告げた。直政は「越後から加勢を出すほどならば、定めて大軍であろう。また一揆が所々に起きるならば、昌幸は思慮深き大将なので、いかなる謀をしておくかも測り難い。味方の軍勢は（国元とは）路を遠く隔てている。その上度々の負け軍で気疲れもしているので、戦っても利あるまい。その上家康公の仰せは我々に人数を引き揚げて帰れと言われたのに、今戦を企て、もしも多く人数を討たせては甲斐もないことである」と、この旨を諸大将へ相談した。その時、大久保七郎右衛門忠世が「総勢が引き取るといっても、押さえの兵を残しておくのがよかろう」と言った。井伊も松平も「もっとも」と同意したが、自分が「上田の押さえに残ろう」と言う者は一人もいなかった。大久保忠世が舎弟平助忠教を近くに呼んで

「なんじ、真田の押さえとしてこの国に残れ」と告げると、平助は「我、所領に望みあってここにとどまるのではありません。主君のため兄の命令に従ってここに残りましょう」と言った。忠世は大いに喜んで井伊と松平に告げ、小諸の城（小諸市小諸）に大久保平助を入れ置き、「信州の先鋒衆、諏訪・保科・知久・遠山・下条・大草の面々は居城・居館に籠って、大久保平助の催促に従え」と申し渡した。そして、十一月に遠州勢はことごとく陣払いし、上田表から引き取った。それに際して「城中より後を追い慕うこともあるだろう」と段々に備えを立て、新手の井伊直政・松平康重の両人が殿《しんがり》としてはるか後から引き退いた。これは、このたび両人が上田表へ来たのに矢の一つも射ないで引き返すのを残念に思い、「もし城中より追い慕って来たならば一戦せん」とのことからであったという。この時、昌幸の家臣が「遠州勢は既に人数を引き揚げています。その中で井伊・松平はわずか四、五百騎の軍勢で、先手に離れて引き退いております。こちらから足軽を出して食い止めるならば、もらさずに討ちとどめることができましょう」と言った。これを聞いた昌幸は「以前、寄せ手の大将の大久保が軍兵を引き揚げようとしたことが度々あったが、我が勢に食い止められてついに軍を帰すことができなかった。そこへ、このたび遠州からいまだ若年の井伊と松平周防守とが来て軍を仕掛けている。その軍立てを見ると、以前の寄せ手などとは大いに変わったところがある。その上、井伊が手には近藤登之助〈石見守の子〉をはじめとして、遠州で名のある者どもや武田家より降った者が多く来ている。また、井伊も若年だからといって侮る侍ではない。松平周防守は、それ以上に名高き剛の者である。今日の退き口の人数の立て方を見よ。尋常の者ではない。今、彼らを小勢だと見侮って軽はずみに打ち出たならば、不覚の負けを取るに違いない。両人が退き方はこちらから追い慕わせ、一戦しようと軍を持した引き口である。決してこれを追い慕ってはならない」と制せられた。そのため、井伊・松平の両人ともやすやすと人数を引き揚げ、遠州へと帰って行った。

昌幸と上杉景勝不和の事、附信幸信州所々働きの事

この時、真田昌幸は隣国越後の国主上杉喜平次景勝へ加勢を請うた。上杉家は塩尻口まで加勢を出したが、加勢の大将はついに塩尻口を出ようとはしなかった。そこで、昌幸は大いに立腹し、上杉領の海津近辺（長野市松代町）・塩崎（長野市篠ノ井塩崎）・屋代（千曲市屋代）まで出張って放火した。

この節は海津の城代として、上杉家から須田相模守と甘糟備後守が籠め置かれていたが、昌幸は嫡子源三郎に命じ上杉領の中へ遣わして所々に放火させた。信幸は手回りの者ども二、三百人を引き連れ、千曲川を越えて川中島の内の御幣《おんべ》

川《がわ》・丹波島・雨ノ宮・綱島辺へ出馬し、上杉家の城代の者たちとせり合ったがそのたびに勝利した。その後、景勝の取りなしで無事講和が成立し、屋代から南を信幸へ渡し「今後は川中島へ働くのをやめられよ」ということで、真田方はかの表へ働くのをやめることとなった。この時のものと思われる上杉景勝から矢沢薩摩守への書状が残されている。それには、次のような記述がある。

◎景勝の書状

いまだ（正式な）書面はできないが、書状をお送りする。その地での在城のご苦労は何とも致し方ないことである。さて真田安房守が去年当方に属し日を経ずにやめたことは、いかようの存念があるのか不審千万なことであった。しかしながら、北条安芸守（高広）から使者をもらい、その返答から（真田昌幸の）始め、中、終わりの心底を確かに聞き届け、拠《よんどこ》ろないことだと思っている。今後のことは猶予し（昌幸が）入魂（懇《ねんご》ろ）にするのであれば、少しも別儀（特別なこと）はない旨をよくよく伝えてほしい。なお、使いの僧が口上を申し上げる。恐る恐る謹んで申し上げた。

七月十五日

景勝　判

矢沢薩摩守殿

この書状は、横小半紙で四寸五分ある。矢沢氏の重宝である。

昌幸父子秀吉公へ謁見の事

やがて、昌幸父子は存分に勝利を得て、家康公と手切れをした。そして、秀吉公へ臣従しようと考えたが、遠国のためにしかるべき伝《つて》もなかった。そのころ、上田へ年々来ていた春松太夫という舞太夫が「秀吉公へもお目見えし、富田左近将監《さこんしょうげん》（知信、秀吉の家臣）とも親しい」というので、かの春松太夫を使って「秀吉公へ出仕をいたしたき」旨を富田方まで申し入れた。すると直ちに話が調い、昌幸父子三人は上方へ上り、大坂において秀吉公にお目見えした。その際、秀吉公から「真田は親か、子か」と尋ねられた。昌幸が「子でございます」と答えると、秀吉公は「いまだ年も若いのに名は高し」と言って、ご褒美として御腰の物を手ずから下された。こうして、秀吉公の取り扱いで前々のごとくに家康公へも出仕することとなった。

○ある記によると、この節昌幸は家康公に背いて秀吉公へ出仕のことをお願いしたが、秀吉公は使者として尾藤左衛門尉《さえもんのじょう》（知宣）を遣わされて「早速出仕を遂げられよ」と仰せられた。こうして昌幸父子三人は上方へ上り、秀吉公へお目見えした。その後、秀吉公の扱いで、家康公とも和睦した。そして、天正十七年（一五八九）には沼田の地を昌幸から北条家へ渡した。その替地は信州にて出されたが、程なく北条家が滅亡したので、また昌幸は沼田の地を返し賜わった云々。

○ある記によると、家康公が「沼田を北条家へ渡せ」と昌幸に命じられた時、昌幸はこれを承知せず「それがしが武勇をもって手に入れた所領であるから、どうして差し上げることができましょう」と返答した。その後、使者を大坂の秀吉公へ遣わし、右の子細を申し送り「今後は秀吉公にお仕えしたい」と伝えた。秀吉公は大いに喜び「軍功があったならば、すぐにも恩賞を与えよう」と返答があった。この事実は少しも隠すところがなかったので、伝え聞いた家康公は「何度でも訴訟すべきなのに、そうではなくして家康の手を離れ、秀吉に属するのは言語道断の仕方である。急ぎ勢のつかないうちに退治せよ」と言って、大久保忠世と鳥居元忠・平岩親吉を大将として、一万騎の軍勢を上田の城へ向けられた云々。

後の上田陣起こりの事

慶長五年（一六〇〇）の春、上杉中納言景勝はその領地奥州会津にあって上洛せず、叛逆を企てているという理由で、家康公は大軍を率いて上杉家征伐のために関東へ下向された。この時、昌幸父子三人も家康公の供奉《ぐぶ》（お供）をして関東へ向かった。そのようなところに、上方において石田治部少輔が挙兵し伏見城を攻め落としたことなどを記した書状を浮田《うきた》（宇喜多）秀家《ひでいえ》・毛利輝元《もうりてるもと》・前田玄以《まえだげんい》・石田三成《いしだみつなり》・増田長盛《ましたながもり》・長束正家《なつかまさいえ》らが昌幸に寄こし、仲間に加わるよう誘った。

○この時の始末は、詳細に「昌幸伝記」と「信之伝記」の中に記しておくので、今ここには略して載せない。

この時の昌幸方への石田三成方からの書状が数通ある。その書状（の一つ）には、次のようなことが書かれている。

◎石田三成からの書状
わざわざ申し入れる。
一　この飛脚、早々沼田越えに会津へお通しいただきたい。万一沼田・会津の間に他領があり難しいことがあっても、付き添いを付けるなり、報酬を与えるなりしてもてなし、お通し下さる事
一　先の書状にも申し上げたとおり、早々小諸・深志・川中島・諏訪については貴殿に仰せ付けられるので、しっかりと仕置き（統治）をされたい。できるだけの手立て（反徳川の挙）に出るのは今この時である事
一　ともかく、物主（武将）どもがそれぞれの城へ帰らないようにするご才覚が肝要である事

一　会津（上杉景勝）へも早々に関東表の佐竹《さたけ》（常陸侍従義宣《よしのぶ》）と相談し、手立て（反徳川の挙）に出るようにと申し遣わした。貴殿からも入魂（懇ろ）に仰せ遣わされるようにしてほしい事

一　越後からもひたすら秀頼様へ御奉公するとの旨を申し寄こしているので、妻子も上方に（人質として）いることでもあり偽りはないであろう。羽柴肥前（羽柴肥前守、前田利長《まえだとしなが》）は母を（人質として）江戸へ遣わしたためか、いまだはっきりとした返事はない。その上でひたすら上方へご奉公と申している。羽柴五郎左（羽柴五郎左衛門、丹羽長秀《にわながひで》）が手前へ軍兵を出しているので、越後から越中へ軍兵を出すつもりである旨を申し寄こしている。必ず相違はないであろう事

一　関東へ下る上方勢はようやく尾三（尾張・三河）の内へ上り、理す《ただ》（質す）ところ半ばである。それぞれ承わったことから（立場を）究め済みである事

一　先の書状にも申し上げた伏見のことは、内大臣（徳川家康）の留守居とし

て鳥居彦右衛門(元忠)・松平主殿・内藤弥左衛門父子千八百余りが立て籠っていた。去る七月二十一日から取り巻き、当八月一日午《うま》の刻（昼の十二時ころ）強引に四方より乗り込み、一人も残さず討ち果たした。大将鳥居の首は鉄砲頭の鈴木孫三郎が討ち捕った。その上で城内ことごとく火を掛け焼き討ちにした。鳥居彦右衛門は石垣を伝って逃げた(逃げようとした?)とのことである。誠にこのように、即座に攻め崩したことは人間の業ではないとそれぞれ話し合った事

一　先の書状でも申し上げた丹後（京都府北部）のことは、一国を平定した。幽斎《ゆうさい》（細川藤孝《ほそかわふじたか》）については一命を助け、高野（高野山）へ蟄居《ちっきょ》させ済ませることにした。長岡越中守（細川忠興《ただおき》）の妻子は人質にして置くように申したところ、留守居の者が聞き違えて殺害つかまつれと存じ刺し殺し、大坂の家に火を掛け果てた事

一　備えの人数書きご披見のためこれをお送りする。こちらのことは安心してほしい。この節その方が公儀へご奉公あって、一国をご拝領あることにつ

いては天の与えるところなので油断があってはならない事

一　拙者（石田三成）は、岐阜中納言殿（織田秀信、信長の孫、幼名三法師）と相談し、まず尾州（尾張）表へ軍兵を出した。福島左衛門大夫（正則）はただ今理す（質す）ところ半ばである。うまく済んだならば三州（三河）表へ打ち出ようと思っている。もしうまく済まなかった場合は（福島正則の居城がある）清洲へ勢州（伊勢）口（の軍）と一緒に成って（出張って）行くつもりである。

なお、よい返事をお聞きしたいと願っている。恐る恐る謹んで申し上げた。

八月五日　　三成　判（花押）

真田房州（安房守昌幸）

同　豆州（伊豆守信之）

同左衛門介（信繁）殿

人々御中

夜中に（書状を）調えたので、落字はいかがであろうかと心もとなく思っている。以上

三口への御人数備えの覚

伊勢口

一　四万千五百人　　安芸中納言殿（毛利輝元）

右のうち一万人息藤七（藤七郎、秀就《ひでなり》）殿付けこれあり。右三万余りは輝元自身召し連れ出馬。

一　一万八千人　　秀　家（宇喜多《うきた》秀家）

一　八千人　　筑前中納言（小早川秀秋《こばやかわひであき》）

一　二千百人　　土佐侍従《じじゅう》（長曽我部盛親《ちょうそかべもりちか》）

一　千人　　大津宰相《さいしょう》（京極高次《きょうごくたかつぐ》）

一　三千九百人　　立花《たちばな》左近（左近将監宗茂《むねしげ》）

一　千人　　久留米侍従（毛利秀包）

一　五百人　　筑紫主水（主水正広門）
一　九千八百人　龍造寺（勝茂）
一　千二百人　脇坂《わきざか》中書（中務少輔安治《やすはる》）
一　三百人　堀内安房守（氏善）
一　四百人　羽柴下総守（長正）
城加番
一　四百人　山崎右京
一　三百七十人　蒔田権之助（広定）
一　三百九十人　中居式部《しきぶ》少輔《しょうゆう》
一　千人　長束大蔵《おおくら》大輔《だゆう》（正家）
以上七万九千八百六十人（八万九千八百六十人となる。どこかに書き間違いがあると思われる。）

美濃口
一　六千七百人　某《それがし》石田治部（治部少輔三成）

一　五千三百人　岐阜中納言（織田秀信）一手
一　千四百人　羽柴右京・稲葉彦六（侍従典道）
一　五千人　羽柴兵庫頭《ひょうごのかみ》（島津《しまづ》義弘《よしひろ》）
一　二千九百人　小西《こにし》摂津守（行長《ゆきなが》）
一　四千人　同与力衆四人
一　四百人　稲葉甲斐守（通重）
　以上二万五千七百人

北国口

一　千二百人　大谷《おおたに》刑部少輔（吉継《よしつぐ》）
一　三千人　若狭少将（木下勝俊《きのしたかつとし》）・同宮内少輔（木下利房）
一　五千人　丹後七頭衆
一　二千五百人　但馬二頭衆
一　七百人　木下山城守（頼継）
一　八百人　播磨姫路衆

一　二千人　　越前東江衆
一　五百人　　戸田武蔵守（重政）
一　五百人　　福原右馬允《うまのじょう》（長克）
一　三百人　　溝口彦三郎
一　三百人　　上田主水正（重安）
一　五百人　　寺西下野守（清行）
一　五百人　　奥山雅楽頭《うたのかみ》（正之）
一　二千五百人　　小川土佐守（祐忠）・同左馬允
一　千人　　生駒雅楽（頼世）
ただし、主煩うゆえ家老名代、人数召し連れ候
一　二千人　　蜂須賀《はちすか》阿波守（家政《いえまさ》）
ただし、主煩うゆえ家老名代
一　六千人　　青木紀伊守（一矩）
一　八百人　　青山修理（修理亮忠元）

以上三万百人

勢田橋東番衆

一　千二十人　太田飛騨守・同美作守

一　四百五人　垣見和泉守（一直）

一　四百五人　熊谷内蔵（内蔵允直盛）

一　六百人　秋月長門守（種長）

一　八百人　相良左兵衛佐（頼良）

一　八百人　高橋右近（右近大夫元種）

一　五百人　伊藤豊後

一　三百六十人　竹中伊豆守（重利）

一　千五百人　中川修理（修理大夫秀成）

一　五百二十人　木村弥一右衛門（豊後守吉清）

以上六千九百十人

一　大坂御留守居　七千五百人

御小姓衆 八千三百人御馬回り

御弓鉄砲衆　　五千九百人

前備後備　　六千七百人

輝元（毛利）衆　　一万人

徳善院（前田玄以）　　千人

増田右衛門尉（長盛）　　三千人

このほか七千人　　伊賀在番

以上四万二千四百人（四万九千四百人となる。どこかに書き間違いがあると思われる。）

都合　十八万四千九百七十人なり

八月五日

○このほかにも石田三成方から昌幸への書状があるので、附録として記しておいた。

このように石田三成方から密書を送ってきたので、昌幸は深く思慮をめぐらし父子の間を引き分けて、信州上田の城へ引き返して籠城した。

秀忠公上田城へ発向の事

石田治部少輔三成が叛逆を企てている旨を告げられた家康公は、下野の小山（小山市）から武州江戸の城へ人数を入れられて後、九月一日石田を征伐するために江戸の城を進発し東海道を西上された。さてまた、秀忠公は野州（下野）宇都宮から直ちに中山道をお上りになられて、路次のついでなればと信州へ発向された。上田の城を攻め落としてから上洛しようと、これも九月一日に宇都宮を進発されたのである。従う大将の先陣は榊原《さかきばら》式部大夫康政《やすまさ》・浅野弾正少弼長政《あさのだんじょうしょうひつながまさ》、後陣は大久保《おおくぼ》相模守忠鄰《ただちか》・本多《ほんだ》佐渡守政信《まさのぶ》・酒井《さかい》右兵衛大夫重忠《しげただ》・本多美濃守忠政（原文は「忠次」）・真田伊豆守信之・仙石越前守忠俊・石川玄蕃頭《げんばのかみ》康長・日根野徳太郎吉重・森《もり》右近大夫忠政《ただまさ》・牧野右馬允貞成をはじめ旗本の勇士ら、その勢三万八千七十余騎であった。上州を経て同月四日に秀忠公は信州小諸の城に到着され、伊豆守信之を御前に召されて「我、ここまで馬を寄せる（軍勢を率いて来た）とはいえ、いささか思うところあって、安房守方へ和睦のために遠山九郎兵衛を差し遣わすつもりである。そこで、なんじが方からも父安房守に意見を申すことのできる者を添えて遣わせ」と言われた。信之はかたじけなき旨を伝え、坂巻夕庵法印を遠山九郎兵衛に添えることとした。遠山は上田に来て秀忠公の仰せを「その方がこのたび別心（ふたごころ）を抱いたことについて、もしや恨みなどがあるのかとも考えたが思い当たらない。もしそういうことがあるならばその事情を申せ。改めて味方をするならば、本領安堵の上にご褒美を下されるであろう」と伝えた。昌幸は「かたじけないおぼし召しです。委細かしこまり奉りました。この趣を旧臣どもにも申し聞かせて、こちらからご返答申し上げます」と言って、とやかくと日数を過ごし、そのうちに城の普請など諸事落ちのないように準備した。その上で、再度右の使者に対面し「秀忠公のおぼし召しの趣は身に余り、かたじけなくかしこまり奉っておりますが、秀頼公（豊臣秀頼）の仰せとして老中並びに奉行石田治部（治部少輔三成）が方から（味方をするように）申し遣わされたについては、主命逃れ難く存じ、かくのとおりの次第です。ついては今後両人が参ることは無用です」と申し切って使者を返した。

○ある記によると、九月四日の夜に秀忠公は信州小諸の仙石越前守の居城にお着きになられて、本多美濃守忠政と真田伊豆守信之の両人を御前に召されて、上田の城への使者を命じられた。それは「安房守が秀忠公の陣下に来るべきか、また固く城を守るべきか否か」を問わせるためであった。両人が上田に着くと、安房守は両使を国分寺に待たせ置いて、城よりやって来て対談し柔和な顔で饗応した。これは籠城のためであった云々。

秀忠公は、この旨をお聞きになられ「さては安房守め、我を偽ったな」と大いに怒られて上田の城へ攻め寄せられた。その時に、昌幸は信繁〈左衛門佐〉を伴って北の門より物見のために出た。そして、城内が狭いということで砦《とりで》として構えた願行寺口へ、大手の門から入ろうとした。牧野右馬允貞成の軍兵どもが昌幸父子と見て急に突いて掛かったところ、昌幸は信繁に「まず（なんじから門の）内へ入れ」と言い、信繁は昌幸に「まず（ご自分から門の内へ）お入り下さい」と父子の辞儀をして時を移した。そうこうしているうちに敵勢が間近く攻め寄せて来たので、願行寺口の侍大将池田長門が進み出て「甲斐もないご父子のお辞儀であることかな。急いでお入りあれ」と言って昌幸の馬の口を執って門内へ引き込んだので、信繁も続いて内へ入った。そのうちに敵が押し寄せ、門の閂《かんぬき》を差しかねるほど急に押し込み、地輻《じふく》（門の最下部に取り付ける横材）の下から敵味方ともに突き合った。しかし、この口の侍大将池田長門は大剛の者なので、手の者どもを下知し敵を突き返し堅固に守備していた。その上に、先年神川の合戦の時に大いに後《おく》れを取った遠州・三州（遠江と三河）の軍士らであるので、昌幸の軍慮を恐れたのであろうか後方から崩れ立って引き退いた。その後はしばらくせり合いはなかった。

ある時、用事があって城中から百姓どもに足軽を少々添えて城下へ出したところろ、秀忠公のお旗本朝倉藤十郎・辻忠兵衛・小野治郎右衛門・中山助六・戸田半平・斎藤久右衛門・太田善太夫の七騎が抜け駆けして右の足軽・百姓どもとせり合った。百姓とはいっても日ごろ勝ち軍に慣れた者どもであるので、七騎の侍を追い払い難なく城中へ引き取った。かの七騎の侍を真田の七本鎗と号し、真田の家来何の某《なにがし》と鎗を合わせたなどと誇らしげに言う士もあると聞くが、当家の侍に右の七人と鎗を合わせたという者を聞いたことがない。右の七人とせり合ったのは当家の足軽・百姓どもである。

そうこうしているうちに、秀忠公は昌幸の謀に陥れられてわずかの小城一つを大軍にもかかわらず攻め落とすことができずに、関ヶ原の大切な合戦に遅れられたため家康公のご機嫌は悪かったが、上方の合戦はことごとくご利運となった。そして「その表は打ち捨てて上洛あれ」との旨を飛脚で告げられたので、秀忠公は人数を引き揚げられ、上田の押さえとして森右近大夫忠政を川中島に留め置かれて上方へ上られた。昌幸は城を出て、千人には足らない人数ではあったが六、七里、後を追い慕った。

○ある記によると、秀忠公は上田の城を攻められるために信州小諸の城へ到着されたが、真田安房守の武勇を惜しまれて、嫡子伊豆守信之と本多美濃守忠政の二人を上田の城へ遣わされて和睦のことを仰せられた。昌幸は右の両使を城下の国分寺に待たせ置いて対面し「秀忠公の仰せに従いましょう」と言っていろいろと饗応し、その間に兵糧を取り入れ、柵を構え、所々に修理を加えて、人夫も家来も一つになって要害を修築した。両使は国分寺で安房守のお請け（返答）を待っていたが、少しも沙汰がないので九月六日の夕方にこちらから「お請けが遅い」と申し入れると昌幸は「昨今の間返答を引き延ばしたのは、籠城の支度に不足のことがあったためである。最早残すところもなく支度した。美濃守は縁者であるし、伊豆守は悴《せがれ》であるから助けてやりたい者ではあるが、敵方なればそれもかなわない。ただ今軍兵を差し向ける。用意をして待て」と申し送った。美濃守も伊豆守も大いにあきれて「この小勢では敵対するのは難しい。その上お使いとして来たのであり、その子細をもご報告せずに戦を企てるのは不忠と同じである」と相談して、夜中に上田から小諸へ馳せ帰って右の旨を申し上げた。秀忠公は大いに怒られて「この上は安房守を討ち滅ぼしてから上洛いたそう」と言われて、夜中に小諸を進発された。従う人数は森右近大夫・榊原式部大夫・仙石越前守・酒井宮内大輔・本多佐渡守・大久保相模守・牧野右馬允・本多美濃守・真田伊豆守・石川玄蕃頭をはじめとして、その勢都合三万八千七十余騎で上田の城へ押し寄せた。そして、酒井宮内大輔・牧野右馬允・大久保治右衛門らの手から人夫を出して城下の作毛を刈らせた。これは城兵を引き出すための計略であったという。城中からこれを見て足軽二百人が討って出、かの者どもを追い払おうと戦った。これを見て、今度は本多美濃守の手から大勢が助けに出て外構えの木戸まで押し込んで戦った。その時に、本多の郎党の浅井小右衛門・永田角右衛門という者が先駆けに進んで戦った。このようなところへ、城中から木戸を開けて突いて出た。寄せ手の先陣が突き立てられたところへ、城中から左衛門佐が大勢を従えて秀忠公の旗本へ一文字に突いて掛かった。するとどうしたことであろうか秀忠公の前備えはすっかり動揺し、左衛門佐は勝ちに乗ってこれを突き崩した。秀忠公は怒られて「わずかの勢に対し逃げるということがあるか。返し合わせて戦え」と歯噛みして下知された。旗本の軍兵の中から中山助六・太田善太夫・朝倉藤十郎・小野典膳・辻小兵衛・戸田半平・斎藤久右衛門の七人が踏みとどまり鎗を合わせて戦った。鎮目市左衛門も取って返し、かの者どもと同じく戦った。
○一説によると、この時旗本の中から浅見藤兵衛・小栗治右衛門・小野治右衛門・中山勘解由・戸田半平・朝倉藤十郎・辻太郎助の七人が取って返し、北の門まで城兵を追い込んだ云々。
　右の七人を上田七本鎗と号し、人々は褒めたたえた。その時に、牧野右馬允・大久保相模守の勢は粉骨を尽くして戦った。そして、左衛門佐が突き立てられ城中へ入ろうとしたところを寄せ手の兵どもが追いすがり、城へ入ろうと争い進んだ。安房守は城中からこれを見て、左衛門佐を救おうと門を開けて突いて出た。寄せ手もこれを先途と戦い、追い込めば追い出し、追い出せば攻め入り、三、四度もみ合った。寄せ手の兵が追い立てられ危うく見えたので、本多美濃守・大久保相模守の両人は馬を乗り回し、軍兵を下知し順々に引いた。

安房守も軍兵を下知し城中に引いた。その後は遠巻きにして、しばらく軍はなかった云々。

○ある記によると、慶長五年（一六〇〇）九月一日に秀忠公は軍勢を率いて野州宇都宮を進発された。二日に上州高崎に到着され、三日に松井田に到着された。四日には信州小諸の城に到着されて、本多美濃守忠政・真田伊豆守信之の両人に「なんじら上田の城に行って、真田安房守に我が麾下に来るべきか、また城を固く守るべきか否かを尋ねてこい」と命じられた。同日両人は小諸を発って上田にやって来た。安房守は両人を国分寺に入れ置いて饗応した。五日の夕方に両人が上田の城に入った時、安房守は「要害支度のために昨今仮にご命令に従ったが、その用意もしっかりできた。いささかもご命令に応じ難い。美濃守は伊豆守の小舅《こじゅうと》であり伊豆守は我が子であるが、敵方であるので安穏にしておくわけにはいかない。しかしながら、その好みもあるので、今助けて帰す」と返答した。両人は小諸に帰ってその趣を報告した。秀忠公は大いに怒られて「それならば、踏みつぶしてしまえ」と言われた。六日の黎明に秀忠公は小諸を進発されて上田へ攻め寄せられ、旗を染屋の台に立てられた。武者奉行は大久保治右衛門忠佐であった。牧野右馬允・酒井宮内少輔の備えから軍兵を出して城下の稲を刈り、芦田下野守の部下依田肥前守・同源太は足軽を使って城兵を引き出した。その時に、真田安房守・同左衛門佐の両人は、兵を出し突き戦った。秀忠公の近習からも朝倉藤十郎・中山助六・戸田半平・鎮目市左衛門・太田善太夫・辻太郎助・斎藤久右衛門・小野治郎右衛門らを先頭にして進み、鎗を合わせ武勇を振るった。浅見藤兵衛・小栗治右衛門は、勇を励み城兵を追い入れた。そのため、安房守父子が中門から（城内へ）引こうとしたので、酒井宮内少輔の兵どもは食い付いてしきりに打って掛かった。城兵も踏みとどまって鉄砲を撃ち放って防いだ。酒井の足軽大将、隅山臼兵衛が先頭に進んで来るのを城兵が鉄砲で撃ち落とした。牧野右馬允・榊原式部大夫の兵らが進んで戦った。本多美濃守は士卒を下知し、進んで城中に入ろうとした。その時に、本多の家来の浅井小兵衛・永田角右衛門はよく戦った。真田父子は城中に引き取って門を閉めたが、寄せ手は壁に取り付いて乗り入ろうとした。このようなところに、大久保相模守と本多佐渡守が秀忠公へ「わずかの小城にご人数を費やされるのもいかがかと思われます。まず軍勢を率いられ、上方へお急ぎになられるのが道理にかないます」と申し上げたので、秀忠公は馬を小諸に返された。この日の朝に戸石〈砥石〉の城にいた真田の軍兵どもが城を棄《す》てて逃げ去った。冠者ケ岳〈冠者ケ巖〉の城は真田の大将池田出雲が守っていた。それを日根野徳太郎吉重と石川玄蕃頭康長が押し寄せて攻めた。しかし、池田出雲が謀をもって遮り、逆に襲ったので日根野・石川の勢は敗軍してしまった。八日に秀忠公は上田の押さえとして森右近大夫を小諸の城に残し置かれて木曽路を上ろうとされたが、本多佐渡守の諫《いさ》めに従って（真田領の）和田峠を越えず、役《えん》の行者（雨堺峠～大門峠）を越えられた。榊原式部大夫はその兵二千余人を引き分けて、直ちに和田峠を越え濃州（美濃）へ赴いたので、諸人は皆榊原の勇に感じ入った云々。

○ある記によると、秀忠公は上田の城を打ち囲み日々夜々に攻められたが、城中の兵は心を一つにして堅固に城を守り、折々突き出て戦ったので寄せ手の軍兵は退屈し「この城は簡単には落ちないだろう」と遠巻きにして日を送った。九月二十一日に家康公からの早馬の使者が上田表へ到着し、秀忠公へ「去る十五日に濃州関ヶ原において東西二つに分かれ合戦があったが、坂西（大坂方）の諸大将一戦に利を失い、石田をはじめことごとく敗軍し、諸大将大勢が討取られて関東のご利運となった。その地には押さえを置いて急いで上洛せよ」との仰せを申し上げた。秀忠公が諸将を召されて評定をされたところ、いずれもが「この城を攻め落としてからご上洛なされるのがよいでしょう」と言った。秀忠公は「張本人の石田治部少輔が敗北した上は、この城もやがて降伏するだろう。軍勢を費やしても甲斐がない。ただ遠巻きにして城を守れ。決して攻めてはならない」と言われて、軍兵を多く残しておいて、木曽路を経て上洛された云々。

森右近大夫敗走の事

　かくして「上方において石田以下敗北し、あるいは生け捕られ、あるいは討死し、ことごとく統一された」ということが上田の城中へも聞こえてきたので、安房守は士卒を集めて「この上は天下を敵に回して華々しく討死しよう」と言って、ひたすら謀を定めた。そのころ川中島には森右近大夫が在城していて、鼠宿（塩尻口、上田市と坂城町の境）まで人数を率いて出張って来たところを、昌幸が手勢だけで岩鼻のこちらから例の黒四方（黒地に白の六文銭の入った昌幸の軍旗、馬印のこと）を押し立てて攻め寄せると、川中島勢は思いも寄らないことであったので慌て騒いだ。右近大夫も驚いて、取る物も取りあえずに引き退いた。折節日暮れになったので、右近大夫は手燭を持ちながら馬に乗って川中島まで退いた。その姿は著しく目に付いた（惨めに見えた）ということである。

○古老物語によると、天下統一の後、森右近大夫が秀忠公の御前にあった時に、秀忠公が武勇の詮議をされた。井伊掃部頭《かもんのかみ》が「右近大夫（森忠政）は先年真田に逢って逃げたというが、武勇もあったのか。いかがであるか」と尋ねたが、秀忠公からは格別の仰せはなかった云々。

安房守昌幸父子高野山蟄居の事

そうこうしているうちに上方の諸将はことごとく敗北してしまったので、安房守昌幸・左衛門佐信繁父子は上田の城にあって防戦の用意をし、討死の時を待っていたところ、嫡子伊豆守信之が身体を抛《なげう》って父昌幸の助命の儀を家康公へ訴えたので家康公もその忠孝をお感じになられた。そして、特別に「安房守と左衛門佐の一命を助け、両人ともに紀州（紀伊）高野山へ遣わし蟄居《ちっきょ》させよ」と命じられたので、信之は有難くこの旨をお請けし、直ちに両人を紀州へ送った。また、上田城は破却されたが、昌幸の領地上田と沼田の地を合わせ九万石は信之に賜わった。一方、昌幸父子は紀州高野のふもと九度山という所に蟄居していたが、昌幸は慶長十八年（一六一三）六月四日に七十歳で病死し、左衛門佐は慶長二十年（一六一五）五月七日に四十九歳で摂州（摂津）大坂城で戦死した。

○ある記によると、関ヶ原の合戦に坂西（大坂）方が敗北し、石田以下は生け捕られたり討死したりしたと聞こえてきた。そこで、石田三成に与力した諸国の大小名らは、敵が攻め寄せてもこないのに落ちて行ったり降参したりした。その中に信州小県郡上田の城主真田安房守昌幸父子は石田の敗北を聞いても気を屈しないで、兵糧・玉矢等を取り入れてなお堅固に籠城していた。このことを聞いて、諸将は押し寄せて攻め破り（家康公の）御感に預かろうと討手を強く望んだ。家康公は「真田は武勇の者であるという。その上、旧《ふる》き家であるので攻め殺すことは不便《ふびん》である。殊に嫡子伊豆守は予に忠を尽くして少しも不義（義に背くこと）がない。なんとかして扱い（仲裁）を入れて、真田父子を降伏させせよ」と仰せられた。そのため、他家から討手を望むことはかなわなくなった。伊豆守信之は家康公の仰せを受け信州へ下り、父安房守に対面し家康公の仰せを語って様々に意見した。けれども昌幸は少しも承知せずに「なんじは数年家康公に従い、その上に縁者の好みもあるので格別懇意と聞く。なれば父のために一命を捨てて、家康公を刺し殺せ」と言った。信之は「年来家康公の厚恩に預かり、父の仰せではあっても（家康公に）害心を起こさねばならない謂《いわ》れはない。この上関東へ敵対されるならば、父ではあっても主君の敵である。ただ今雌雄を決するのは容易ではあるが、お使いに来てその子細も申し上げずに勝手に討ち果たすのは主君への不忠である。改めて勝負をつかまつりましょう。支度をしてお待ち下さい」と座を立って帰ったので、昌幸は「もっともなり」とうなずいて「我が子ではあるが、敵なれば安穏に帰してはならない」と言って、足軽の兵に後を追わせた。信之は馳せ帰り、右の次第をありのままに申し上げた。家康公は父子の武勇・忠節をいよいよ感じられ「この上は、なんじ馳せ向かって父と弟が首を刎《は》ねて参れ。そうしたならば信州一円、百万石を与えよう」と仰せられた。伊豆守は「承知つかまつりました」と申し上げ、御前を立って宿所へ帰って出陣の用意をし、家康公の御前を用ありげに立ち回った。家康公は「何か理由があって来たのか。出陣を延べ引かせるためか」と尋ねられた。伊豆守はかしこまって「このたび父の討手を仰せ付けられたことは、身に余り有難く存じ奉ります。しかしながら家臣の安堵のために、どうか恩賞のご朱印を頂戴して出陣つかまつりたい」と申し上げた。家康公はこれを聞かれ、しばらく思案されていたが「誠に安堵のためならば」と仰せられて、直ちにご朱印を下された。伊豆守は謹んで頂戴し、宿所へ立ち帰り出陣の用意をして、また御前へ出、「お願い申し上げたいことがあってまかり出ました」と伝えた。家康公が「手勢が不足し、加勢を願いに来たのか」と尋ねられると、伊豆守は「このたび安房守が御敵つかまつるについて諸将討手を望むところに、お情けをもってそれがしに討手を仰せ付けになられたことは、生涯の面目であり有難き幸せに存じます。それについて、このたび父の命をお助け下されるならば、この上のご厚恩となるでありましょう。そうしていただけるならば、先に拝領つかまつりました信州一円を下さるというご朱印をお返しつかまつります」と涙を流して申し上げた。家康公はすこぶる機嫌を損じられて、とかくの仰せもなく奥へ入られてしまった。しばらくして、また伊豆守を御前へ召されて「なんじが父安房守は度々我に敵対し、その上このたびも石田に味方した。謀叛《むほん》人の張本のうち一人二人は必ず死刑に処さなければならぬものである。けれどもなんじは我に仕えて忠節を励み、少しの私心もない。その忠信を感じ思うところなので、ただ今父安房守と弟左衛門佐の一命をなんじに与える。早速高野山へ遣わせ」と仰せられた。伊豆守は大いに喜び「有難き」旨をお礼申し上げ、直ちに信州へ赴いて家康公の仰せを細々《こまごま》と伝えたので、安房守と左衛門佐は上田城を出て、近臣少々を召し連れて高野へ赴き、九度山という所に蟄居した。安房守昌幸は慶長十八年（一六一三）に高野において病死し、左衛門佐は慶長十九年（一六一四）に秀頼卿謀叛の時に大坂の城へ立て籠り、武勇を天下に輝やかし慶長二十年（一六一五）五月七日に討死した。また、上田城は伊豆守に賜わった云々。

○このこと（ここに書いたこと）は「安房守昌幸伝記」と「伊豆守信之伝記」と見合わせたならば、ことが正しくなるであろう。今参考のためにある記のすべてを挙げておく。

原文「上田軍記」

上田軍記之上

此巻ニハ天正十三年上田合戰之事ヲ記ス

上田合戰起之事

天正十年壬午三月十一日ニ甲斐國主武田四郎勝頼甲州田野之天目山ニ於テ織田信長ノ爲ニ生害アリシ後ハ、安房守昌幸父子モ上州沼田城・信州松尾城ヲ領シテ威ヲ近國ニ振ハレケル、爾ル處ニ同年六月二日ニ織田信長京都ニ於テ明智日向守光秀ニ弑サレケルハ、關東ノ諸大將甲州・信州・上州之中ニ蜂起シテ、甲州之郷民武田之余類ハ河尻肥後守重能〈領甲州〉ヲ殺シ、相州北條氏政ハ兵ヲ率ヒテ上州ニ亂入、同月廿八日ニ上州厩橋ノ城ニ居タリケル瀧川左近將監一益ト戰フ、瀧川力盡テ勢州エ歸ル、信州川中島ノ城主森莊藏長一モ其領地〈更級郡・水内郡・高井郡・埴科郡〉ヲ捨テ逃亡ス、是ニ於テ信州・甲州ノ諸大將共ニ威ヲ争ヒ、併呑之志ヲ含サルハナシ、越後ノ上杉喜平次景勝ハ信州ヲ奪ハントシテ川中島ニ出張シ、北條左京大夫氏政ハ甲州ヲ奪ハントシテ郡内ニ出張ス、徳川家康公モ甲州ニ出張有テ甲府ニ陣シ玉フ、北條氏直上州碓氷峠ヲ經テ信州佐久郡ニ出張ス、此時ニ當テ安房守昌幸ハ上州沼田ニ有シニヨリ、北條ニ隨ヒテ信州ニ發向有、爰ニ家康公ノ長(ママ)臣大久保七郎右衛門忠世、依田右衛門佐信蕃ニ謂テ云ク〈或ハ蘆田下總守〉、御邊ト眞田安房守ハ舊友ナリ、謀ヲ以テ眞田ヲ家康公ノ麾下ニ附ラレナハ一城ヲ攻落タルヨリモ大功ナラント云、依田信蕃カ云ク、眞田ヲ味方ニ成サンハ易ケレトモ、家康公ヨリ大祿ヲ賜ラハ眞田ニ此旨ヲ告ント云、依テ大久保忠世是ヲ家康公ヱ申上ケレハ家康公大ニ悦ヒ玉ヒ、眞田ヲ我カ味方ニ引入ナハ安房守ハ云ニ及ス依田右衛門ニモ重ク恩賞有ヘシトノ旨ニテ、杉浦七藏ヲ使者トシテ朱印ヲ賜ハル、其後ニ北條氏直ト家康公ト甲州若神子表ニテ八月ヨリ對陣有シニ、安房守昌幸ハ家康公ノ味方トシテ信州岩村田之内黒岩ノ城ヲ乗取リ、依田右衛門佐

ト牒シ合シテ同十月上州碓氷峠ニ出張有北條家ノ兵粮運送ノ路ヲ切ケルニヨリ、北條家ノ勢竭テ和ヲ乞テ引退ケリ

或記ニ云、八月廿九日ニ北條氏直ト和睦有、家康公ヨリ上州沼田ノ城ヲ氏直エ出サレ、氏直ヨリ甲州都留郡ト信州佐久郡ヲ家康公エ遣シテ速ニ兵ヲ引レケルト云々

其後ニ秀吉公ノ下知トシテ上州・信州・甲州ノ三ケ國ヲハ家康公ト北條家ノ手柄次第ニ兩方納ラルヘシト有ケレハ、甲州・信州ハ家康公ノ御手ニ入上州ハ北條家ノ領ト成、時ニ安房守昌幸ノ領地沼田ノ城ハ上州ノ内ト云、殊ニ境目ナレハ彼ノ地ヲ北條家ヱ渡サルヘシト、氏直ト家康公ト契約有テ家康公ヨリ眞田昌幸方ヱ仰遣サレケルハ、其方ノ領分上州沼田ノ地ヲハ北條家ヱ相渡スヘキ也、其替地ヲハ信州ノ内ニテ家康公ヨリ出サルヘシトナリ、眞田昌幸返答有ケルハ、某去々年ヨリ御味方ヲ申候事成ハ替地ヲサヱ下サレナハ早速沼田ヲハ北條家ヘ相渡申ヘキト也、家康公ヨリ又仰ケルハ、替地ハ信州伊奈ニテ出サルヘシ、先沼田ヲ相渡シ候ヒナハ其後ニ替地ヲ出サルヘシト再三御使有、眞田昌幸モ思慮有ケルハ、家康公

ノ某ヲ往々ハ手障ニ成ヘキ者ト思食レ、領地ヲ削リテ小身ニナシ終ニハ我家ヲ亡ヘキ謀也ト思案有テ、眞田ノ兩息源三郎信幸・源次郎信繁并譜代舊功ノ家臣等ヲ召集ラレ此事ヲ相談有、家臣等ノ中ケルハ、家康公ノ武威ヲ見ルニ日々ニ御募候也、其上今日迄モ御味方ヲ成レテ御忠節ヲ盡サレシ事ナレハ沼田ヲ御渡有程成ハ定テ其替地ヲモ早速遣サルヘキ也、打捨置ル々事ハ有間敷候也、家康公ノ仰越ル々旨ニ任セラレ爾ルヘシト各申ケレハ眞田昌幸是ヲ聞シ召レ、汝等カ申處モ最也、去ナカラ沼田ヲ相渡タル其上ニ替地ノ儀ハ沙汰モナク上田ヲモ相渡スヘシト有時ハ各ハ如何思フソト有ケレハ、各申ケルハ、左様ニ理不盡成事ハ有間敷候也、若左様ニ有物成ハ何レトモ一命ヲ捨テ籠城仕ルヘシトソ申ケル、時ニ眞田大ニ笑テ仰ケルハ、今度沼田ノ城ヲ相渡テ小身ニ成、其上ニテ玉ハラント有各カ一命ヲ唯今申受ヘキ也、兎角手切ニスル程成ハ沼田ノ城ヲモ相拘ヱテ手切ニスルカ能謀也トテ上田ニ籠城有ヘキニ評諚ヲ極ラレテ扨家康公ヱ再返答有ケルハ、某事去々年甲州ヱ御出張ノ時最初ヨリ御味方ニ参分骨盡シ候故ニ信州早速御手ニ入候也、爾レハ御褒美モ有ヘキ處ニ其沙汰ニモ及レス、結句眞田昌幸カ力ヲ盡シ鉾ヲ以切取處ノ沼田ヲ代地ヲモ出サレス召上ラルヘシトノ儀ハ迷惑ニ存ル也、抑此沼田ハ徳川殿并ニ北條家從申受タル領地ニモ候ハス、昌幸カ武勇ヲ以領スル處成ハ意ノ儘ニ支配スヘキトコソ有ヘキヲ、沼田ヲ北條家ヱ相渡スヘシトハ覺悟ニ及ヌ處也、得コソ指上ケ候マシ、此上ハ家康公ノ御味方申忠節ヲ致テモ詮モナキ事也、中々沼田ヲ相渡事ハ思モ寄スト申切テ遣彌手切有ケレハ家康公大ニ御腹立有、此上ハ大軍ヲ以上田ノ城ヲ攻ラルヘシト議シ玉フ

或記ニ云、天正十年六月二日織田信長京都ニ於テ横死有シ後ハ甲州ハ家康公ノ御領ト成、爰ニ相州小田原ノ城主北條左京大夫氏政ハ甲州ヲ責メ取ラントテ嫡子北條新九郎氏直ヲ大將トシテ大軍ヲ相副テ甲州ヱ出張セシム、家康公此事ヲ聞玉ヒ軍兵ヲ引率シ甲州ヱ發向シ玉ヒ數月ノ間北條ト對陣シ玉ヒ互ニ勇ヲ振レケル、時ニ北條氏政ノ舎弟北條美濃守氏規樣々ニ執持テ兩家ノ和睦ヲ調ケリ、是ニ依テ北條家ヨリハ信州佐久郡ヲ家康公ノ方ヱ相渡家康公ヨリハ上州沼田ヲ北條家ヱ渡スヘシト契約有テ双方共ニ軍ヲ班シケリ、其後ニ信州佐久郡ヲ北條家ヨリ家康公ヱ相渡テ上州沼田ヲ相渡サルヘシト申送ル、依テ家康公ヨリ使者

ヲ以沼田城主眞田安房守昌幸ノ方ヱ仰ケルハ其方ノ領地沼田ノ城地ヲハ北條家ヱ相渡スヘシ、其替地ヲハ他處ニテ遣スヘシト也、昌幸返答有ケルハ、抑此沼田ノ領地ハ徳川殿・北條殿ヨリ申受サル處領也、安房守カ一身ノ才覺武勇ヲ以切取處ノ所領也、故ナク北條家ヱ渡サン事ハ思モ寄ス、其上昌幸ハ徳川殿ノ麾下ニ屬シテヨリ已来度々軍忠ヲ盡ストイヘトモ賞禄ノ沙汰モナク、是ヲコソ不審ニ存候處ニ剰ヘ自力ヲ以切取處ノ領地ヲ指上ヨトハ覺悟ニ及ハサル處也、爾レハ沼田ヲ北條家ヱ相渡候事ハ曾テ叶ヒ候マシト申切テ家康公ノ御使ヲソ返シケル、爰ニ於テ家康公大ニ瞋セ玉ヒテ大久保忠世・鳥居元忠・平岩親吉ヲ大将トシテ兵ヲ信州ヘ遣シ、上田ノ城ヲ攻サセラルト云々

信州神川合戰之事

天正十三年乙酉八月眞田昌幸ハ家康公ヱ手切ノ返答有ケレハ、家康公是ヲ聞玉ヒテ安房守カ申旨モ其理有ニ似リト云トモ我既ニ他所ニテ代地ヲ出サント申成ハ安房守カ領地ヲ一圓ニ取放スト云ニハ非ス、是非ニ沼田ヲ北條家ヱ相渡コトヲ迷惑ニ思ヒナハ幾度モ訴訟有ヘキ事成ヲ左ハ無シテ家康カ手ヲ離レ敵對ノ色ヲ立ルハ言語ニ絶タル不届也、急退治セヨト諸大將ヲ撰テ信州小縣郡上田城ヱソ向レケル、家康公ニモ軍兵率テ甲州若神子迄御出馬有、上田城ヱ馳向家康公ノ先手ノ人々ニハ鳥居彦右衛門元忠・大久保七郎右衛門忠世・同治右衛門忠佐・岡部治郎右衛門正綱・同彌治郎長盛・平岩七之助親吉・柴田七九郎重政ヲ大將トシテ、其外ニ保科彈正忠正久・矢代越中守正信・三枝平右衛門守勝・曾根内匠助等大小數多ニテ、信州ノ先鋒衆諏訪安藝守頼忠ヲ初トシテ、下條・知久・遠山・大草等ヲ案内者トシテ都合其勢七千餘騎ニテ上田表ヱ馳向ヒケリ、上田ヘモ濱松勢多ク向フト聞ヘケレハ、昌幸謀ヲ廻ラシ手勢ハ云ニ及ハス、其頃ハ甲州衆モ多願行寺ナト云出家ヲ始郷人等ニ至ルマテ皆防戰ノ用意ヲナシケリ、此時ニ伊勢ノ御師ニ廣田武大夫ト云者上田ニ來リ居タリシカ、日頃ノ御情ヲ報シ申サントテ、籠城ノ列ニソ加リケリ、彼是合テ雑兵トモニ二千ニハ足サル人數也ケレトモ、昌幸勝レタル大將成ハ異ル謀ヲ儲ケテ籠城有、又隣國頼ントテ越後國ヱ矢澤三十郎頼貞・海野喜兵衛□□ヲ使トシテ上杉家ヱ加勢ヲ乞頼レケレハ、上杉景勝許容有テ塩尻口迄軍勢ヲ出サレケリ、又上州沼田ノ城ニハ矢澤薩摩守頼綱ヲ大將トシテ、沼田ノ七人衆下沼田豊前守・恩田伊賀守・發智三河守・恩田越前守・和田主殿助・久屋勝五郎・岡野加賀守・金子美濃守・木曽甚右衛門ヲ始トシテ大勢ヲ籠置レケル、時ニ天正十三年乙酉閏八月二日ニ家康公ノ先手鳥居・大久保・岡部・平岩ヲ大將トシテ其勢七千餘騎ニテ長瀬河原ヨリ猫ノ瀬ヲ渡テ國分寺表ヱ押寄上田ノ城ヱト詰寄ケリ、安房守昌幸兼テ謀事ニ三間五間一處ツヽ千鳥掛ヲ結置テ、偖人數二三百ヲ引分テ嫡子源三郎信幸・二男源次郎信繁ニ相添テ上田ノ城ヨリ三十丁許出張有、神川ヲ前ニ當テ陣ヲ備ヘ若敵勢川ヲ越テ來ナハ一耀合シテ輕ク引取ヘシ、左有ハ敵喰付來ルヘシ、其時存分ニ引入候ヘト具ニ謀ヲ密談有テ人數ヲ引分テ安房守昌幸ハ手廻ノ勢ヲ合テ五百人計ニテ上田ノ城ニ扣ラル、大門ヲ閉矢倉ニ登甲冑ヲモ帯セラレス禰津長右衛門ヲ相手ニテ碁ヲ打テコソ居ラレケル

或説ニ此時ニ昌幸ノ碁ノ相手ニハ來福寺ト禰津長右衛門ト兩人也ト云々

去程ニ信幸・信繁ハ指圖ノ如ク神川ノ此方迄出張有ケルニ、敵勢川ヲ越テ押來黒坪村ト云處ニ於テ糶合有、敵ヲ追崩シ首數多討捕信幸・信繁勝ニ乗馬ヲ進テ追討ントシ玉フ處ヲ、板垣修理并ニ來福寺兩人馬ノ口ニスガリ付テ、兼テノ謀ヲハ御忘有ケル哉トテ馬ノ口ヲ取テ引返シケレハ兩將實ニモトテ輕々ト引取人數ヲ引上ラレケレハ、案ノ如ク敵勢喰付千鳥掛ヲモ構ハス兩將ヲ討捕ント慕來ル、兩將ハ横曲輪ヘ取、時ニ物見ノ者共昌幸ヘ敵既ニ間近寄來ル由ヲ注進シケルニ、昌幸ハ碁ニ打入ラレケルカ敵來ラハ切レ々々トテ尚打テ時ヲ移サレケルニ、濱松勢ハ始兩大將弱々ト引取今城ノ際迄詰寄ケレトモ、指タル事モ無ニ依テ城中ハ小勢也ト見侮リテ惣軍一度ニ鬨ヲ作リ我先ニ乗入ラント争ヒ進、時ニ眞田昌幸時分ハ能ソト手廻五百計ノ人數ヲ左右ニ進テ大手ノ門ヲ開セラル、敵兵ハ勢ヒニ乗テ門際近

押詰ケル、時ニ眞田昌幸采配ヲ執テ下知ヲナシ無二無三ニ突テ掛討テ出ラレケル處ニ最前横曲輪ヘ引入ラレタル源三郎信幸兄弟備ヲ固テ横鎗ニ突蒐リ町屋ニ火ヲ掛ラレケル處ニ、折節風烈ク吹ケレハ火四方ニ飛散ケル、烟ノ下ヨリ信幸旌ヲ執テ蒐レ者共下知セラレ、相圖ヲ兼テ郷民トモ三千余人ヲ相語ラヒ相圖ヲ定テ四方ノ山々谷々林ノ中ニ伏置ケルカ彼者共城中ヨリ討テ出ル太鼓ノ音ヲ聞ト等ク、同ク鬨ヲ合テ紙旗ヲ指連テ鐵炮多ク打出シ山々谷々林ノ中ヨリ悉ク起リ立テ寄手ノ後陣ヘ會尺モ無討テ蒐ル、町中ヘ攻入タル寄手ノ勢兵始詰寄ケル時ニハ苦ニモ成サリシカ逃ル時ニ成テハ彼町中ノ千鳥掛ニ行掛リテ進退度ヲ失ヒケル、是ニ於テ濱松勢多ク討亡サレケル、信幸・信繁兩大將ハ染カ馬場ヨリ横鎗ニ突テ掛リ追崩サレケレハ叶ハスシテ引退ヲ國分寺迄追討シテ悉ク討取ケル、遠州勢ハ後ニ大河有テ引退兼テ死ヲ究タル体ヲ安房守推量有テ人數ヲ引揚ラレケレハ敵モ川ヲ越ヱテ引ケル、時ニ鳥居彦右衛門元忠人數ヲ引テ川ヲ渡ラント川中ヱ人數ヲ入ト等ク又安房守旌ヲ取テ蒐レ〻ト下知有ケレハ又一同ニ突テ掛リケル、折節神川ノ水夥ク増タル時ナレハ敵兵過半ハ水ニ溺レケル

或記云、神川ハ元ハ加賀川ト名ク、後ニ白山權現ヲ眞田山ノ上ニ勸請有、其山ノ中ヨリ流レ出ル川ナル故ニ神川ト改メケルト云々

中ニモ鳥居彦右衛門カ人數多討レシト也、味方ノ軍勢勝ニ乗テ神川ヲ越テ追行處ニ、大久保平助忠教〈後ニ彦左衛門ト號〉、一騎取テ返シ名乗掛テ下リ居キ鎗ヲ取リ扣ヘタリ、是ヲ見テ兄ノ治右衛門忠佐同ク取テ返ス、其兄七郎右衛門忠世モ同ク馳付テ金ノ騰羽ノ蝶ノ指物ヲ差上テ敗軍ノ士卒ヲ集ケルニ、天方喜三郎・天野小八郎・松平七郎右衛門・十塚久助・後藤惣平・足達善一郎・太田源藏・松井彌四郎・氣多甚六郎・江坂茂助等ヲ始トシテ百騎計馳集ケルカ、大久保七郎右衛門忠世ハ大將ノ器量有侍成ハ敗軍ニ氣ヲ屈セス、小高處ニ打上リ百騎計ヲ従テ扣タリ、味方ノ軍兵モ勝誇テ逃ル敵ヲ追討ニス、濱松勢ノ中ヨリモ小見孫七郎ト名乗テ一騎取テ返シ三度迄返合戰シカ終ニ取籠ラレテ討レケル、濱松勢ノ大將大久保七郎右衛門忠世新手ヲ入替テ討テ蒐ルニ、上田勢ハ始ヨリ手痛ク働キ勞レタル上成ハ是勢ニ掛破ラレテ半引退キ既ニ敗軍ニ及ハントセシ時ニ、望月主水大音上ケ申ケルハ、云甲斐ナキ者共哉今引返シテ此泥ノ中へ踏込レ討死シテ名ヲ汚サン

ハ無念成次第也、兎角ニ死ヘキ命也、ケ様ニ迯ンヨリハ返合テ敵ニ逢テ討死セヨト呼テ引返シケレハ何レモ此詞ニ勵サレテ一同ニ取テ返シ突テ蒐リケレハ又濱松勢ヲ追崩シケリ、時ニ濱松勢ノ中岡部彌治郎長盛ハ八日塔村ノ邊ノ染カ馬場ニ人數ヲ立能悇ケル、時ニ上田勢ノ中ヨリ日置五右衛門〈豊後守子則隆〉、大久保忠世ヲ討取ントテ相驗ヲ取捨テ濱松勢ノ中ヘ紛入窺ヒ寄ケル、依田助十郎モ五右衛門カ馬ニ續テ来リケルニ大久保平助忠教是ヲ見テ、只今來ル兵ノ中ニ萌黄糸ノ鎧ニ筋冑ヲ着シテ葦毛馬ニ乗タル武者ハ眞田カ軍士ト覺ルソ洩サス討取レト高聲ニ呼ハリ、鎗ヲ取テ突ケレトモ日置五右衛門カ乗タル馬ノ前輪ニ突當タリ、五右衛門ハ馬蒐抜テ大音ニ申ケルハ、大久保治右衛門ヲ討ント計來リシカ天晴運ノ強キ士哉ト云捨テ味方ノ陣ヘ蒐戻ス、依田助十郎モ敵ノ中ヲ切抜ントシケレトモ、終ニ大河内善一郎ニ討レケル、爰ニ於テ安房守昌幸父子ハ軍勢ヲ引揚ラル、時ニ家老申ケルハ今一息追駈ナハ濱松勢ニ足ハ留サセ間敷候也、何國迄モ追討ヘシト云ケレトモ、昌幸制シテ日既ニ夕日ニ及タリ、其上ニ味方ハ小勢也、終日ノ軍ニ入替ル勢無シテ疲タリ、戰ハ今日ニ限ルヘカラストテ人數ヲ引揚、討取處ノ首共昌幸父子列坐ニテ實検有シニ首數千三百余也、其他水ニ溺レシ者ハ數知ス、上田勢ニハ廿一人、死人雑兵共ニ四十余人、討死セシハ依田一人也、此時ニ粉骨ヲ盡シテ馳廻ル者トモニハ望月主水・板垣修理亮信形・來福寺・石井舎人・木村土佐・荒木肥後・高槻備中・瀬下若狭・大熊五郎左衛門・同勘右衛門・金井豊前隆清・同金右衛門清實・上原某・三輪琴之助・水科新助・春原某・高梨某・成澤勘左衛門・小屋右衛門七・高野某・車某・池田清兵衛・小泉源五郎・塚本某・白倉武兵衛・吉田庄助・田口文左衛門・窪田某・堀田角兵衛・矢野孫右衛門・松崎五右衛門・原三右衛門・同監物・同右近・禰津長右衛門・禰津志摩・市場茂右衛門・日置五右衛門等能戰フ、此外ニモ數多有、此節沼田之七人衆ヨリ上田へ飛脚ヲ指越、則チ信幸返書有、其文ニ云

芳札披見、仍從遠州出張候間、去二日於國分寺遂一戰千三百余討捕備存分ニ候、然者南衆其表可相働候、於然堅固之備憑入候、恐々謹言

閏八月十二日　　　　　　　　　　　　　　　　眞田源三郎

信幸　判

下豊〈下沼田豊前守事也〉
恩伊〈恩田伊賀守事也〉
木甚〈木曽甚右衛門事也〉
恩越〈恩田越前守事也〉
發参〈發智三河守事也〉

沼田七人衆ノ内五人ノ名有外ニ一二通モ有ヘシ、南衆トハ北條家ノコト也、此時ニ北條氏直モ大軍ヲ率ヒテ沼田ノ城ヲ攻ケレトモ城代矢澤薩摩守頼綱并大熊靭負沼田七人衆トモニ堅固ニ持堅ケルニ依テ北條氏直モ人數ヲ引返サレケリ、此沼田七騎ノ子孫トモ今皆家人ト成テ當家ニ仕フ、此信幸ノ書状ハ恩田長右衛門カ家ニ傳ハレリ

或記ニ云、家康公急キ眞田ヲ退治セヨトテ、大久保忠世・鳥居元忠・平岩親吉・岡部長盛等ヲ大將トシテ七千余人上田表へ向ヒケリ、眞田安房守ハ敵大勢向ト聞ヨリモ先近邊ノ立木ヲ薙キ作毛ヲ苅取城ノ門ヲ差堅メ足輕一人ヲタニモ出サ

ネハ弱々ト見ヘニケリ、寄手是ヲ見侮リテ攻具ヲモ用意セス、惣軍一度ニ鬨ヲ作リ我先ニト争ヒ進、時ニ安房守父子千余人ヲ引率シテ咄ト喚テ突出タリ、昌幸兼テ郷民等ヲ語ラヒ相圖ヲ定テ四方ノ林ノ中ヨリ鬨ヲ合悉起立テ寄手ノ中ヘ攻入ケレハ、寄手大キニ騒動シ一戰ニモ及ハス敗軍ス、上田勢ハ勝ニ乗テ逎サント追討ケル、時ニ大久保七郎右衛門忠世・平岩七之助親吉唯二人蹈止リテ慕敵ト突戰ス、是ヲ見テ二人カ郎黨七八人引返シテ主人ヲ隔テ相戰フ、本田主水正・尾崎左衛門尉兄弟ハ後殿シテ城兵追來レハ追戻シ散々ニ戰ヒケルカ、眞田父子ハ眞先ニ進手痛ク敵ヲ追散シケルニヨリ尾崎兄弟討死ス、歩立ノ兵共ハ眞田カ勢ニ揉立ラレ右往左往ニ崩立、大久保・平岩猶悇テ防キケル、酒井與九郎□□蹈止リテ戰ケル、鳥居彦右衛門元忠カ手ノ軍兵共モ追立ラレテ逃ケルヲ戸石ノ城ヨリ眞田カ勢突テ出逊ル敵ヲ追討ニス、濱松勢ノ中ニ本田主水・乙部藤吉郎・畔柳孫左衛門ハ無双ノ弓取成ハ返合テ蹈止リ、矢種ヲ惜マス射ケル程ニ城兵少シ猶豫シケレハ神川ヲ越テ引退ク、遠州勢是迄ノ退口ニ究竟ノ兵三百余人討レケリ、大久保忠世ハ金ノ上羽ノ蝶ノ指物ヲ高々ト指上サセ敗軍ノ士卒ヲ集メケルニ百騎ニハ過サリケル、爾レトモ大久保忠世ハ氣ヲ屈セス高キ處ニ備ヲ立テ追來ル敵ヲ待居タリ、又眞田父子モ神川ヲ前ニ當テ備ヲ堅メテ扣ヘタリ、大久保忠世ハ平岩親吉カ方ヘ軍使ヲ以申ケルハ敵ノ軍勢馳來サル間ニ今一戰スヘシト也、平岩カ返答ニ郎黨多ク討死シ小勢ナレハ叶フマシトソ答ヘケリ、大久保又使ヲ以テ鳥居ニ談シケレハ、鳥居答テ士卒大勢討死シテ小勢也、味方ノ惣勢ヲ合テモ勝誇タル敵ニハ對様シ難シ、譬ハ一旦ハ利ヲ得タルトモ後日ノ軍ニ利有マシ、加之味方ノ兵悉臆シタリ、唯此處ニ陣取此軍ノ次第ヲ濱松ヘ申送リ加勢ヲ請テ戰フヘシトテ使ヲ返シケレハ、大久保大ニ憤リ臆病心ノ付タル人ニハ評詑スルモ詮ナシト獨言シ、猶モ口惜クヤ思ケン手勢ヲ揃ヘテ百騎計川端ニ出張シ備ヲ立テ扣ヘケルカ、眞田父子モ何トカ思ケン軍兵ヲ引拂テ上田ノ城ヘ入ケレハ大久保モ備ヲ引ケル

一説ニ此時ニ三州勢ハ國分寺表ヘ押寄ル、昌幸ハ先小路ノ中ニ三ケ所ニ柵ヲ結セテ大手ハ嫡子源三郎信幸・搦手ハ昌幸其勢合テ三千余人也、城中ニハ次男源次郎信繁ヲ殘置役所ヲ固クシテ沼田・吾妻ノ勢ヲハ矢澤ノ山陰ニ隱シ置、合戰

始リタラン最中ニ笹井村・黒坪村へ打出テ敵ノ跡ヲ取切ヘシト、合圖ヲ定テ先常田出羽守・高槻備中守兩人ハ大宮表へ打出テ敵ヲ引入ヘシトテ総勢三百計打出鐵炮ヲ打掛ルニ、敵ヨリモ足輕ヲ出シ銕炮ヲ打テ弱々ト會尺シ引退テ追來ラハ又返シテ時ヲ移ス、扨時刻能成ヌトテ先手ノ勢モ鬨ヲ揚テ一同ニ馳駈ルニ敵モ相掛リニ蒐テ戰フ、暫會尺シテ引退ニ寄手勝ニ乗テ追掛ル、彌恷へ兼タル体ニテ尺ノ木ノ内へ迯入ヲ付入ニセントテ我先ニト責入、兼テ期シタルコト成ハ脇小路へ引退、時ニ町屋へ火ヲ掛テ烟ノ下ヨリ源三郎信幸采配ヲ執テ蒐レ者共ト下知有ケレハ疾シ遲シト待儲タル事成ハ咄ト立上リマツシクラニ突テ掛ル、搦手ヨリモ鬨ヲ合寄手ノ跡ヲ取切ント染屋村ニ添テ押出ス、時ニ最前引タル常田出羽・高槻備中兩人モ南ノ方ヨリ廻テ大宮表へ掛出ル、町中へ責入タル寄手ノ勢ハ火ハ掛ル手繁ク攻ラレテ叶ハスシテ引退クニ、尺ノ木ニセカレ烟ニ迷ヒ度ヲ失ヒ大半討レ引退ク、城方ハ勝ニ乗テ責掛々々風ノ如クニ亂レ雲ノ如クニ集リ爰ヲ先途ト攻戰フ、斯スル處ニ沼田勢ハ黒坪村之上へ打出テ跡ヨリ、鐵炮ヲ打掛テ方々へ敵ヲ打散シテ叫喚ンテ攻ケル間、終ニ寄手打負テ東ヲ指テ引ケルヲ、神川ヲ越テ進ミ行ケル處ニ大久保平助一騎取テ返シ名乗掛テ居テ鎗ヲ合ス、是ヲ見兄ノ治右衛門モ返ス間百騎計ニ成、時ニ昌幸父子ハ乗廻シテ下知ヲナシ軍兵ヲ引上ル、家老共申ハ何處迄モ追掛テ討捕ント云ケレハ、昌幸制シテ日モ夕陽ニ及タリ、其上味方小勢ナレハ終日ノ戰ニ入替ル勢ナクシテ士卒悉ク疲レタリトテ、討取首共實檢有ニ其數五百三十有、昌幸此趣ヲ早馬ヲ塩尻口ニ扣タル上杉家ノ加勢ノ大將へ通シ、軍ニハ討勝テ候也、今夜敵陣へ夜討ヲ致へク候也、急其手ノ人數ヲ押付ラレ候ヘト申ヤラレケレトモ上杉勢ハ終ニ塩尻口ヲ出サルニ付テ、前ニ川ヲ當ヤライヲ結セ備ヲ立替テ篝火ヲ焼セ兵終日ノ戰ニ疲レタレハ、昌幸父子三人ニテ馳廻嚴シク下知シ其怠リヲ戒メテ夜ヲ明サレタリ、其後ハ互ニ川ヲ境陣取日々ニ糶合有ケリト云々

鞠子合戰之事、附信幸物見之事

閏八月二日ニ遠州勢悉ク敗軍ニ及ケレハ、上田ノ城兵ハ大ニ利ヲ得テ勇ミ濱松勢ハ皆氣ヲ屈シケル、爾レトモ濱松勢ノ大將大久保七郎右衛門忠世ハ頻ニ士卒ヲ勵シテ同三日ニ諸大將悉ク一列シテ鞠子ノ城〈或丸子〉ヱ働カントテ、千曲川ヲ馳越テ八重原ニ押出ル、上田方ニハ是ヲ見テ敵ヲ欺ントテ海野ヨリ八重原ノ下ヲ押通手白塚ニ働キ出ル、寄手ノ大久保忠世是ヲ見テ柴田七九郎重政ヲ軍使トシテ鳥居・平岩カ陣ヘ告ケルハ兩人軍兵ヲ筑摩川ノ端ヘ出サルヘシ、忠世ハ岡部ト一手ニ成テ中ヲ取切禰津ノ原ヱ押上リテ一同ニ相進ミ眞田カ勢ヲ取巻討ヘシト云遣ケレ共鳥居・平岩是ニ同心セス、大久保大ニ瞋リケルカ、又使ヲ以面々川端迄出陣モ難成思ハレハ此山陰ニ人數ヲ備ヘ忠世カ後ヘ續カルヘシト申遣ケレトモ、兩人又此義ニモ従ハサレハ忠世ハ鞠子ノ城ヘ働得ス、八重原ニ陣シテ敵ノ透間ヲ窺ヒケリ、同月十九日ニ諏訪安藝守頼忠同キ廿日ニ昌幸父子三人丸子川ニ出張有テ足輕ヲ先ニ進セ鐵炮ヲ打掛合戰ヲ仕掛ラル、大久保忠世又使ヲ馳テ鳥居・平岩ニ申ケルハ眞田父子三人トモニ今此處ニ打出テ戰ヲ仕掛ル也、各早ク當所へ來リ戰ルへシト申送ルトイヘトモ、兩人戰テ利有間敷ヲ推察セシカ、更ニ此旨ニ從ハス、岡部彌次郎長盛是ヲ聞テ忠世カ陣ニ馳加リ一手ニ成テ上田勢ニ討テ掛リ戰ケル、上田勢ノ先手少々追立ラレシカ、即チ備ヲ立直シ散々ニ戰ヒ輕ク人數ヲ引揚ケルニ遠州勢ハ昨日ノ合戰ニ手懲シテ圍ヲ外シケル、眞田カ勢ノ先手ノ者トモ思ノ外ニ敗走シケルニ鳥居・平岩一味シテ戰フナラハ眞田父子ノ中一人ハ討取ヘキヲ口惜サヨト後悔シケルト也、其後モ昌幸父子度々打出テ武威ヲ振ハレケレトモ、濱松勢ハ疲レタル上ニ戰フ毎ニ利ヲ失ヒケレハ聊モ取合ス徒ラニ日ヲソ送リケル

烏帽子形之城合戰之事

此時ニ信州小縣郡之内ノ塩田邊ノ者共杉原四郎兵衛ト云者ヲ大將トシテ一揆ヲ起シ、家康公ノ味方トシテ近隣ヲ掠メ冠者カ嶽烏帽子形ノ古城ヲ取立テ楯籠ル、昌幸彼ヲ討ンカ爲ニ嫡子源三郎信幸ニ人數ヲ副テ冠者カ嶽ヘソ向レケル、信幸出馬有テ彼筋ヲ巡見有シニ馬屋別當ニ水出大藏ト云者有シカ、信幸ノ前ニ來テ中ケルハ此城ノ体ヲ見申ニ前ハ嶮岨ニシテ後ハナルク候也、鐵炮ノ者ヲ後ノ方へ廻シ後ノ方ヨリ打申ナハ城中怺へ難ク候ハント中ケレハ、信幸最ト思サレ大藏カ中如クニ鐵炮ヲ廻シ後ヨリ山ノ峯へ打立サセテ、信幸ハ山ノ下ニ堂ノ有ケルニ彼堂ノ中ニ入鬨ヲ上サセラレ堂ノ板ヲ敲テ鬨ヲ合ケレハ案ノ如ニ一揆ノ者共一支モセス悉ク敗北シテ落行處ヲ追討ニシテ數多討捕、一揆ノ大將杉原四郎兵衛ヲ始トシテ生捕モ數多有、杉原ハ昌幸ノ前ニ出ケルヲ昌幸見玉ヒ彼者由緒有者也、用ニモ立ヘキ者也迚則赦免有、信幸ノ家人ノ列ニ召遣レケリ、此城ノ即時ニ落城セシコトヲ信幸後又物語有ケルハ水出カ一言ハ誰モ知タルコト成共、時ニ當テハ心ノ付ヌ物也、廏別當ノ推参ケ間敷コト成トモ彼ハ處ノ案内ヲ知タル故也、大藏カ謀ヲ用テ勝利ヲ得タルハ新敷義成トモ戰場ニテハ猶以其人ニ寄ス、道理ニ随ヒ宜ニ任スヘシ、輕キ者成迚侮リ大藏カ申コトヲ聞入スハ此城一時ニハ落去ス間敷也ト殊ニ褒美シ玉ヒケル、堂ノ内ヘ入テ鬨ノ聲ヲ上シモ水出カ謀也、多勢ニ響カセント謀リシ也

濱松勢上田表引退事

上田表ノ合戰ニ寄手毎度討負ケレハ遠州へ軍使ヲ馳テ加勢ヲ乞フ、家康公是ヲ聞シ召レテ早ク軍兵ヲ引取ヘシト御下知有、爾レ共上田城兵喰止テ戰ヲ仕掛ケレハ引取コト叶ハス、是ニ依テ遠州ヨリ井伊兵部少輔直政・松平周防守康重兩人信州ニ趣キ人數ヲ引取ヘキ旨ヲ家康公ヨリ命セラレケレハ、井伊直政・松平康重五千人ノ軍勢ヲ引具シ同九月十三日ニ上田表ニ着陣有、前度ノ耻辱ヲ雪カント哉思ケン二十余日對陣シテ度々軍ヲ仕掛ケレトモ城中ヨリハ一人モ出スシテ更ニ是ニ取合ス、係ル處ニ松平周防守カ忍ノ者トモ周防守ニ申ケルハ眞田安房守ヨリ越後へ加勢ヲ乞レ候也、又甲州廣淵寺ニ故武田四郎勝頼ノ御舎弟龍峯〈盲人也、俗名武田大夫、號海野殿〉ト申ス住持職ニテ有、是ヲ眞田ノ家人等取立テ一揆ヲ起サント謀ル由也トソ告タリ、周防守是ヲ聞テ井伊直政ニ語ル、直政越後ヨリ加勢ヲ出ス程ナラハ定テ大軍成ヘシ、又一揆處々ニ起ナハ思慮深キ大將成ハ如何成謀ヲ成置ルモ量リ難シ、味方ノ勢ハ遠路ヲ隔タリ、其上度々ノ負軍ニテ氣疲レタル事ナレハ戰フトモ利有間シ、其上家康公ノ仰ニハ兩人ニ人數ヲ引揚テ歸レトコソ宣フニ、今戰ヲ企テ若モ多ク人數ヲ討セテハ詮モナキコト也迚諸大將ヘ此旨ヲ談シケル、時ニ大久保七郎右衛門忠世カ云ク、惣勢引取ト云トモ壓ノ兵ヲハ殘置テ爾ルヘシト有ケレハ、井伊・松平最ト同シテ評詑有ケレトモ上田ノ壓ニ殘ント云者一人モナシ、大久保忠世ハ舎弟平助忠教ヲ近付テ、汝眞田カ押トシテ此國ニ殘ルヘシト有ケレハ、平助對テ申ケルハ、我所領ニ望有テ此處ニ留ルニハ非ス、主君ノ爲兄ノ命ニ隨テ此處ニ殘ヘシトソ申ケル、忠世大ニ悦ヒ井伊・松平ニ斯告ケレハ小諸ノ城ニ大久保平助ヲ入置信州ノ先鋒衆諏訪・保科・知久・遠山・下條・大草ノ面々ハ居城・居館ニ籠テ大久保平助カ催促ニ從フヘキ旨ヲ申渡シテ、同十一月遠州衆ハ悉ク陣拂シテ上田表ヲ引ニケル、若モ城中ヨリ跡ヲ慕フコトモヤ有ン迚、段々ニ備ヲ立テ後殿ヲハ新手ナレハ井伊直政・松平康重兩人遥ノ後ヨリ引退ク、是ハ今度兩人上田表ヘ來ケレトモ矢ノ一ツモ射スシテ引返スヲ殘多思ヒ若城中ヨリ慕ヒ出ハ一戰セントノ事也トソ聞ヘケル、此時ニ昌幸ノ家臣申ケルハ、遠州勢既ニ人數ヲ引揚候也、其中ニ井伊・松平ハ僅四五百騎ノ勢ニテ先手ニ離レテ引退キ候也、此方ヨリ足輕ヲ出シテ喰止メナハ洩サス討留申ヘシト云ケレハ眞田是ヲ聞テ已前寄手ノ大將大久保カ軍兵ヲ引揚テ軍ヲ班ントセシコト度々成トモ我勢ニ喰止ラレテ終ニ軍ヲ班シ得サル處ニ此度遠州ヨリ未タ若年ノ井伊ト并ニ松平周防守ト來テ軍ヲ仕掛ル、其軍立ヲ見ルニ最前ノ寄手等ト大ニ替リタル處有、其上井伊カ手ニハ近藤登之助〈石見守子〉ヲ始トシテ遠州ニテ名有者共并ニ武田家ヨリ降参シタル者多ク來レリ、又井伊モ若年也迚侮ル侍ニ非ス、松平周防守ハ猶以名高キ剛ノ者也、今日ノ退口ノ人數ノ立様ヲ見ルヘシ尋常ノ者ニ非ス、今彼等ヲ小勢成ト見侮リテ卒時ニ打出ル者成ハ不覺ノ負ヲ取ヘキソ、兩人カ退様ハ此方ヨリ慕セ一戰セント志テ軍ヲ持タル引口也、必ス是ヲ慕フヘカラスト制セラレケレハ、井伊・松平兩人モ安々ト人數ヲ引揚テ遠州ヘソ歸リケル

昌幸ト上杉景勝不和之事、附信幸信州所々働之事

上田ノ城ニ於テ始隣國タルノ間越後之國主上杉喜平治景勝ヘ加勢ヲ乞レケルニ、上杉家ヨリ塩尻口迄加勢ヲ出サルトイヘトモ加勢ノ大將終ニ塩尻口ヲ出サルニ付テ、昌幸大ニ立腹有テ上杉家ヘ色ヲ立ラレ海津近邊・塩崎・矢代迄相働放火有、此節ハ海津ノ城代トシテ上杉家ヨリ須田相模守・甘糟備後守ヲ籠置ケルニ昌幸ハ嫡子源三郎ニ命シテ上杉領ノ中ヘ遣シ所々放火有、信幸ハ手廻ノ者トモ二三百人引具シテ千曲川ヲ越テ川中島ノ内ノ御幣川・丹波島・雨ノ宮・綱嶋邊ヘ出馬有、上杉家城代ノ者共ト鑼合有シニ毎度信幸勝利ヲ得ラレシ也、其後ニ景勝ヨリ手ヲ入無事ヲ調ラレ、矢代ヨリ南ノ方ヲ信幸ヘ渡シ向後トモニ川中島ヘ働ヲ止ラレ候ヘト有ケレハ、彼表ノ出張ヲ止ラレケル、此時ノ事ト見ヘテ矢澤薩摩守カ方ヘ上杉景勝ヨリ書状有、其文ニ云

雖未能書面馳一翰候、其地在城大儀無是非候、仍而眞田安房守去年屬當方不經

日相濟候之條如何様之存分候哉不審千萬候、然者北條安藝守所ヨリ及使者候之處彼返答始中終之心底慥聞届無據候、向後之儀猶豫於入魂ハ毛頭不可有別儀候之旨能々相達尤候、尚使僧可有口上候、恐々謹言

七月十五日　　　　　　　　　景勝　判

矢澤薩摩守殿

此状ハ横小半紙ニテ四寸五分有、矢澤氏カ重寶也

昌幸父子秀吉公江謁見之事

去程ニ昌幸父子ニハ存分ニ勝利ヲ得ラレテ家康公ヘ手切有ケレハ秀吉公ヘ隨順有ヘシトノコト成トモ遠國タルノ故ニ爾ルヘキ傳モ無處ニ其頃上田ヘ年々來リケル春松太夫ト云舞太夫秀吉公ヘモ目見ヘシ富田左近將監トモ親キ由ヲ申ニ付テ彼春松太夫ヲ以テ秀吉公ヘ出仕ヲ致度旨富田カ方迄仰入ラレケレハ早速ニ相調ニ依テ昌幸父子三人ニテ上方ヘ登リ大坂ニ於テ秀吉公ヘ先御目見ヘ有ケレハ秀吉公仰ケルハ、眞田ハ親歟子歟トノ御尋也、時ニ昌幸對シテ子ニテ候ト仰ケレハ秀吉公聞召未タ年モ若ク候ニ名ハ高シト、殊ニ御褒美有テ御腰物ヲ手自下サレケリ、斯テ秀吉ノ御執扱ニテ家康公ヘモ前々ノ如ク御出仕有

或記ニ云、此節家康公ヘ相背セラレシニ依テ秀吉公ヘ出仕ノコトヲ仰入ラレケレハ尾藤左衛門尉ヲ秀吉公ヨリ指下サレ早速出仕ヲ遂ラルヘシト仰下サル、是ニ依テ昌幸父子三人上方ヘ御登秀吉公ヘ目見ヘ有、其後ニ秀吉公ノ扱ニテ家康

公トモ御和睦有、天正十七年ニ沼田ノ地ヲ昌幸ヨリ北條家ヘ御渡有、其代地ヲ信州ニテ出サレシカ程ナク北條家モ滅亡有ケルニヨリ、又沼田ノ地ヲ初ノ如ク昌幸ヘ返シ賜リケルト云々

或記ニ云ク、沼田ヲ家康公ヨリ北條家ヘ渡スヘシト昌幸ノ方ヘ仰入ラレシニ、昌幸此事承引ナク、某カ武勇ヲ以切取處領ナレハ得コソ指上候マシト返答有テ、其後ニ使者ヲ大坂ヱ指登セテ秀吉公ヱ右ノ子細ヲ申送ラレ自今以後ハ秀吉公ニ屬セント有ケレハ秀吉公大ニ悦ヒ軍功有ニ於テハ不日恩賞ヲ行フヘシトソ返答有、此事隱レナカリケレハ家康公聞及玉ヒテ幾度モ訴訟有ヘキニ左ハ無シテ家康カ手ヲ離レ秀吉ニ屬スルハ言語道斷ノ仕合也、急キ勢ノ附ヌ其内ニ退治セヨトテ大久保忠世・鳥居元忠・平岩親吉ヲ大將トシテ一万騎ノ勢ヲ上田ノ城ヘ向ケラレケルト云々

上田軍記之下

此巻ニハ慶長五年之上田城合戰之事ヲ記ス

後之上田陣起之事

慶長五年庚子ノ春ヨリ上杉中納言景勝其領地奥州會津ニ在テ上洛セス叛逆ヲ企ケルノ故ニ、家康公大軍ヲ引率シテ上杉家ヲ征伐ノ爲ニ関東へ御下向有、昌幸父子三人モ此時家康公ノ供奉トシテ關東へ下向有シ處ニ、上方ニ於テ石田治部少輔叛逆ヲ起シ伏見ノ城ヲ攻落シタル事共ヲ浮田秀家・毛利輝元・前田玄以・石田三成・増田長盛・長束正家等ヨリ書状ヲ以テ申送リ昌幸ヲ相語ラフ

此時ノ始末ハ詳ニ昌幸傳記ト信幸傳記ノ中ニ記シ置故ニ今此ニ畧シテ載セス

此時ニ昌幸ノ方へ石田三成カ方ヨリ書状數通有、其文ニ云ク

一　此飛脚早々沼田越に會津へ御通候而可給候、自然沼田・會津之間に他領候
　　態と申入候

一　而六ケ敷儀在之共、人數立候而成共そくたくに成共御馳走候而御通可有候
　　事

一　先書にも如被申候、貴殿事早々小室・ふかせ・河中島・諏訪之儀貴殿へ被
　　仰付候間、急度可有御仕置候、可成程御行此時に候事

一　兎角物主共城々へ不罷歸御才覺肝要候事

一　會津へも早々關東表へ佐竹被仰談行ニ可被及由申遣候、貴殿よりも御入魂
　　候而可被仰遣候事

一　從越後も無二ニ秀頼様へ御奉公可申旨申越候間妻子も上方に在之事候條僞
　　も在之ましく候、羽肥前儀母江戸へ遣候故か未たむさとしたる返事候、剰
　　無二ニ上方へ御奉公と申候、羽柴五郎左へ手前へ人數を出候間、自越後越
　　中へ人數可被出旨申越候、定而相違有間敷候事

一　關東へ下る上方勢漸尾三内へ上り御理申半に候、それそれに承候儀究候而相濟候事

一　先書にも申候伏見之儀内府爲留守居鳥居彦右衛門・松平主殿・内藤彌左衛門父子千八百余たて籠候、去月廿一日より取巻當月朔日午刻無理に四方より乗込一人も不殘討果候、大將鳥居首は御鐵炮頭鈴木孫三郎討捕候、然而城内悉火を掛焼討に致し候、鳥居彦右衛門は石垣を傳ひ逃候由候、誠かやう成儀即座に乗崩候儀人間之業にて無之と各申合候事

一　先書にも申候丹後之儀一國平均に申付候、幽齋儀は一命をたすけ高野之住居之分に相濟申候、長岡越中妻子は人質に可召置候由申候處、留守居之者聞違生害仕と存さしころし大坂之家に火をかけ相果候事

一　備之人數書爲御披見進之候、此方之儀可御心安候、此節其方之儀公儀有御奉公國數可有御拝領義天之あたふる儀候間御油斷在之間敷候事

一　拙者儀先尾州表へ岐阜中納言殿申談人數出候、福島左太只今御理申半ニ候、於相濟者三州表へ可打出候、もし於不相濟は清須へ勢州口一所に成候

而可及行候、猶吉事可申承候、恐々謹言

八月五日　　　　三成　判〈花押〉

眞田房州

同　豆州

同左衛門介殿

人々御中

夜中に相調候間落字如何無心元候、以上

三口へ之御人數備之覺

伊勢口

一　四万千五百人　　安藝中納言殿

右之内一万人息藤七殿付有之、右三万余ハ輝元自身召連出馬

一　一万八千人　　秀　家

一　八千人　筑前中納言

一　二千百人　土佐侍従

一　千人　大津宰相

一　三千九百人　立花左近

一　千人　久留米侍従

一　五百人　筑紫主水

一　九千八百人　龍造寺

一　千二百人　脇坂中書

一　三百人　堀内安房守

一　四百人　羽柴下総守

城加番

一　四百人　山崎右京

一　三百七十人　蒔田權之助

一　三百九十人　中居式部少輔

一　千人　長束大蔵太輔

以上七万九千八百六十人

美濃口

一　六千七百人　某石田治部

一　五千三百人　岐阜中納言一手

一　千四百人　羽柴右京・稲葉彦六

一　五千人　羽柴兵庫頭

一　二千九百人　小西摂津守

一　四千人　同與力衆四人

一　四百人　稲葉甲斐守

以上二万五千七百人

北國口

一　千二百人　大谷刑部少輔

一　三千人　若狭少將・同宮内少輔

一　五千人　　丹後七頭衆
一　二千五百人　　但馬二頭衆
一　七百人　　木下山城守
一　八百人　　播磨姫路衆
一　二千人　　越前東江衆
一　五百人　　戸田武藏守
一　五百人　　福原右馬允
一　三百人　　溝口彦三郎
一　三百人　　上田主水正
一　五百人　　寺西下野守
一　五百人　　奥山雅樂頭
一　二千五百人　　小川土佐守・同左馬允
一　千人　　生駒雅樂
但主煩故家老名代人數召連候

一　二千人　蜂須賀阿波守
　但主煩故家老名代
一　六千人　青木紀伊守
一　八百人　青山修理
　以上三万百人
勢田橋東番衆
一　千二十人　太田飛騨守・同美作守
一　四百五人　垣見和泉守
一　四百五人　熊谷内蔵
一　六百人　秋月長門守
一　八百人　相良左兵衛佐
一　八百人　高橋右近
一　五百人　伊藤豊後
一　三百六十人　竹中伊豆守

一　千五百人　中川修理
一　五百二十人　木村彌一右衛門
以上六千九百十人
一　大坂御留守居　七千五百人
御小姓衆　八千三百人御馬廻
御弓鐵炮衆　五千九百人
前備後備　六千七百人
輝元衆　一万人
徳善院　千人
増田右衛門尉　三千人
此外七千人　伊賀在番
以上四万二千四百人
都合　拾八万四千九百七十人也
八月五日

此外ニ昌幸ヱ石田三成カ方ヨリノ書状トモ有、附録ニ記シ置タリ、如是ニ石田三成カ方ヨリ謀書ヲ送リケレハ昌幸深ク思慮ヲ廻シ父子ノ間ヲ引分レテ信州上田ノ城ヱ引返シテ籠城アリケリ

秀忠公上田城ヱ發向之事

去程ニ石田治部少輔三成叛逆ヲ企ケルノ旨ヲ告有ケレハ、家康公ハ下野ノ小山ヨリ武州江戸ノ城ヱ御人數ヲ入ラレテ後九月朔日ニ石田ヲ征伐有ヘキ爲ニ江戸ノ城ヲ進發有東海道ヲ御上リアリ、偖又秀忠公ハ野州宇都宮ヨリ直ニ中山道ヲ御上リ路次ノ序ナレハ信州ヱ發向有、上田ノ城ヲ攻落シテ上洛有ヘシ迚是モ九月朔日ニ宇都宮ヲ御進發有、相從フ大將ニハ先陣ニ榊原式部太輔康政・淺野彈正少弼長政也、後陣ニ大久保相模守忠鄰・本多佐渡守政信・酒井右兵衛大夫重忠・本多美濃守忠次《(ママ)》・眞田伊豆守信之・仙石越前守忠俊・石川玄蕃頭康長・日根野徳太郎吉重・森右近太輔忠政・牧野右馬允貞成ヲ始トシテ其外旗本ノ勇士等其勢三万八千七拾余騎也、上州ヲ經テ同月四日ニ秀忠公信州小諸ノ城ニ着御有テ、伊豆守信之ヲ秀忠公御前ニ召レテ仰有ケルハ我此處迄馬ヲ寄スルトイヘトモ聊思慮有ナレハ安房守カ方ヱ和睦ノ爲ニ遠山九郎兵衛ヲ指遣也、依テ汝カ方ヨリモ父安房守ニ異見ヲモ申ヘキ者副テ遣スヘシト仰ケレハ、信幸ハ忝キ旨ヲ御請有テ即坂巻夕庵法印遠山九郎兵衛ニ相副ラル、遠山上田ニ來テ秀忠公ノ仰ヲ伸テ云ク、其方此度別心ヲ致ノ義若御恨ナト是有ニヤ思召當ラレス、若左モ有ハ其品ヲ申ヘシ、改テ御味方ヲ仕ル者ナラハ本領ノ上ニ御褒美ヲ賜ルヘシトノ趣也、昌幸御請有ケルニハ忝キ思召也、委細畏リ奉テ候也、此趣ヲ舊臣共ニモ申聞セテ是ヨリ御返答申上ヘシトテ兎ヤ角ト日數ヲ過シ、其内ニ城ノ普請等諸事相調ラレテ其上ニテ右ノ御使ニ對面有、秀忠公ノ御意ノ趣身ニ余リ忝畏リ奉テ候ヱトモ、秀頼公ノ仰トシテ老中并奉行石田治部カ方ヨリ申遣候ニ付テ主命遁難ク存斯ノ通ニ候也、爾レハ向後共ニ兩人参候コト無用也ト申切テ御使ヲソ返サレケリ

或記ニ云ク、九月四日ノ夜秀忠公ハ信州小諸仙石越前守カ居城ニ着御有テ、本多美濃守忠政・眞田伊豆守信之兩人御前ニ召レテ上田ノ城ヱ使節ノ旨ヲ命セラル、安房守秀忠公ノ陣下ニ來ル可歟、又堅ク城ヲ守ルヘキカ否ヲ問セラル、兩人上田ニ到ル、安房守兩使ヲ國分寺ニ入置テ城ヨリ來テ對談ニ及ヒ顔色柔和ニシテ饗應ス、是籠城ノ爲ナリト云々

秀忠公此旨ヲ聞シ召レテ、扨ハ安房守カ我ヲ訛リケルソ迚大ニ瞋リ玉ヒ先勢ヲ以テ上田ノ城ヱ攻寄玉フ、時ニ昌幸ハ信繁〈左衛門佐〉ヲ伴テ北ノ門ヨリ物見ノ爲ニ出ラレケリ、此城内狹シ迚砦ニ構ラレシ願行寺口ヱ大手ノ門ヨリ入ントセラレシ處ニ、牧野右馬允貞成カ軍兵共昌幸父子ト見シヨリ急ニ突テ掛リケルニ、昌幸ハ先信繁ニ内ヱ入リ候ヘト有、信繁ハ昌幸ヱ先御入リ候ヱト父子ノ時宜ニテ時ヲ移サレケル處ニ敵勢間近ク寄來ル故ニ願行寺口ノ侍大將池田長門進ミ出テ、詮ナキ御父子ノ御時宜ニテ候物哉、早々御入有ト云テ昌幸ノ馬ノ口ヲ執テ門内ヱ引込ニ依テ信繁モ續テ内エ入ケル、其内ニ敵押寄テ門ノ貫ノ木ヲ差兼ル程ニ急ニ押込テ地幅ノ下ヨリ敵味方共ニ突合ヒケリ、爾レ共此口ノ侍大將池田長門大剛ノ者也ケレハ手ノ者トモヲ下知シテ敵ヲ突返シ堅固ニ持堅メケリ、其上先年神川合戰ノ時ニ大ニ後レヲ取タル遠州・三州ノ軍士等ナレハ昌幸ノ軍慮ヲ恐レケル歟裏崩シテ引退ケリ、其後ハ暫ク躍合ハナカリケリ、或時用事有ニヨリ城中ヨリ百姓共ニ足輕少々相副テ城下ヱ出ス處ニ秀忠公ノ御旗本ヨリ朝倉藤十郎・辻忠兵衛・小野治郎右衛門・中山助六・戸田半平・齋藤久右衛門・太田善太夫七騎ニテ抜駈シ右ノ足軽・百姓トモト迫合ケル、百姓風情ノ者ノコト成トモ日頃勝軍ニ馴タル者トモ故ニ七騎ノ侍ヲ追拂難ナク城中ヱ引取ケル、彼七騎ノ侍ヲ眞田ノ七本鎗ト號シテ眞田家人何某ト鎗ヲ合タリ抔ト訇ル士モ有ト世ニ沙汰スルトイヱトモ當家ノ侍ニ右ノ七人ト鎗ヲ合タル者ヲ聞ス、右七人ト迫合シハ當家ノ足軽并ニ百姓共也、去程ニ秀忠公ハ昌幸ノ謀ニ随ヒ玉ヒテ纔ノ小城一ツヲ大軍ヲ以テ攻落サレス關ヶ原ノ大切ノ合戰ニ外レ玉ヱハ家康公御機嫌悪ク上方ノ合戰ハ悉ク御利運ニ成候也、其表ハ打捨ラレテ上洛有ヘキノ旨ヲ飛脚ヲ以告玉ヱハ、秀忠公御人數ヲ揚ラレ上田ノ壓トシテ森右近太夫忠政ヲ川中島ニ留メヲカレテ上方ヘ御登有ケルヲ昌幸城ヲ出テ千人ニ足ラヌ人數ヲ以テ六七里跡ヲ慕ケル

或記ニ云ク、秀忠公ハ上田ノ城ヲ攻ラレン爲ニ信州小諸ノ城ヱ着御有シカ眞田安房守カ武勇ヲ惜セ玉ヒテ、嫡子伊豆守信之ト本多美濃守忠政ト兩人ヲ上田ノ城ヱ遣サレ和睦ノ儀ヲ仰ラル、昌幸ハ右ノ兩使ヲ城下ノ國分寺ニ入置テ對面シ、秀忠公ノ仰ニ從フヘシトテ兩人ヲ種々ニ饗應シ、其間ニ兵粮ヲ取入柵ヲ振處々ノ修理ヲ加ヱ、人夫モ家人モ一ツニ成テ要害ヲ構ヱケル、兩使ハ國分寺ニ

有テ安房守ノ御請ヲ相待ケレトモ、沙汰ナカリケレハ同六日ノ晩景ニ兩人カ方ヨリ御請遲シト申ケレハ昌幸返答ニ、昨今ノ間御返答延引申セシ子細ハ籠城ノ支度ニ不足ノコト候故也、最早殘ル處モナク支度セリ、美濃守ハ縁者ノコト也伊豆守ハ世悴ナレハ助ケ度者ナレトモ敵方ナレハ力無只今人數ヲ指向ル也、用意シテ待ヘシトソ申送リケル、美濃守モ伊豆守モ大ニ悩テ此小勢ニテハ敵對難シ、其上御使トシテ來リ、其子細ヲモ申サス戰ヲ企ナハ不忠ニ似リト相談シテ夜中ニ上田ヨリ小室ヱ馳歸テ右ノ旨ヲ言上ス、秀忠公大ニ嗔セ玉ヒテ此上ハ安房守ヲ討亡シテ上洛有ヘシ迚夜中ニ小室ヲ御進發有、相從フ人數ニハ森右近大夫・榊原式部大夫・仙石越前守・酒井宮内大輔・本多佐渡守・大久保相模守・牧野右馬允・本多美濃守・眞田伊豆守・石川玄蕃頭ヲ始トシテ其勢都合三万八千七拾余騎ニテ上田ノ城ヱ押寄玉フ、酒井宮内大輔・牧野右馬允・大久保治右衛門等カ手ヨリ人夫ヲ出シテ城下ノ作毛ヲ苅セケル、是ハ城兵ヲ引出スヘキ計畧也トソ聞ヱケル、城中ヨリ是ヲ見テ足輕二百人討テ出彼者共ヲ追拂ハントケリ、是ヲ見テ本多美濃守カ手ヨリ大勢助ケ來リテ外構ノ木戸迄押込テ相戰フ、時ニ本多カ郎従ニ淺井小右衛門・永田角右衛門ト云者先蒐ニ進テ戰ケル、係ル處ニ城中ヨリ木戸ヲ開テ突出ル、寄手ノ先陣突立ラレケル處ニ城中ヨリ左衛門佐大勢ヲ従ヘテ秀忠公ノ御旗本ヘ一文字ニ突テ蒐ルニ、如何シタリケン秀忠公ノ御前備色メキ立ケルヲ左衛門佐勝ニ乗テ突崩シケル、秀忠公瞋リ玉ヒ僅ノ勢ニ對シ逃ルト云コトヤ有、返合テ戰ヘト牙ヲ噛テ下知シ玉ヘハ御旗本ノ軍兵ノ中ヨリモ中山助六・太田善太夫・朝倉藤十郎・小野典膳・辻小兵衛・戸田半平・齋藤久右衛門此七人踏止リ鎗ヲ合テ戰ヒケリ、鎮目市左衛門モ取テ返シテ彼輩ト同ク戰ヒケル

一説云、此時御旗本ヨリ淺見藤兵衛・小栗治右衛門・小野治右衛門・中山勘解由・戸田半平・朝倉藤十郎・辻太郎助七人取テ返シ北ノ門迄城兵ヲ追込シト云々右ノ七人ヲ上田七本鎗ト號シテ人々稱美シケリ、時ニ牧野右馬允・大久保相模守カ勢共粉骨ヲ盡シテ戰ケレハ、左衛門佐突立ラレテ城中ヘ入ントスル處ヲ寄手ノ兵共追番テ城ヘ入ント争ヒ進ム、安房守城中ヨリ是ヲ見テ左衛門佐救ン迚門ヲ開テ突出タリ、寄手モ爰ヲ先途ト戰ヒ追込ハ追出シ追出ハ攻入三四度揉合

シカ寄手ノ兵追立ラレ危ク見ヘケレハ、本多美濃守・大久保相模守兩人馬ヲ乗廻シ軍兵ヲ下知シテ操引ニ引ケルニ、安房守モ人數ヲ下知シテ城中ニ引入ケル、其後ハ遠巻ニシテ暫ク軍ハナカリケルト云々

或記云、慶長五年庚子九月朔日ニ秀忠公軍勢ヲ率シテ野州宇都宮ヲ進發有、同二日上州高崎ニ着御有、同三日松枝《(ママ)》ニ着御有、同四日ニ信州小室ノ城ニ着御有テ本多美濃守忠政・眞田伊豆守信之兩人ニ命シ玉フテ云、汝等上田ノ城ニ至リ眞田安房守我麾下ニ來ルヘキ歟、又城ヲ堅ク守ルヘキ歟否ヲ尋來ルヘシト命シ玉フ、同日兩人小室ヲ立テ上田ニ到ル、時ニ安房守ハ兩人ヲ國分寺ニ入置テ是ヲ饗應ス、同五日ノ晩景ニ兩人上田ノ城ニ入時ニ安房守返答ニハ、要害支度爲ニ昨今仮ニ鈞命ニ從フ、其用意モ成就ス、聊貴命ニ應シ難キ也、美濃守ハ伊豆守カ小舅也、伊豆守ハ我子也トイヱトモ敵方成ハ安穏ニハ置ヘカラス、爾レトモ其好ミニ依テ今助ケ歸ス者也トソ申ケル、是ニ於テ兩人小室ニ歸テ其趣ヲ言上ス、秀忠公大ニ嗔セ玉ヒ、其儀ニ於テハ踏潰スヘシト嗔玉フ、同六日ノ黎明ニ秀忠公小室ヲ御進發有テ上田ヘ寄玉ヒ御旗ヲ染屋ノ臺ニ立ラレケル、武者奉

行ニハ大久保治右衛門忠佐也、牧野右馬允・酒井宮内少輔カ備ヨリ人數ヲ出シテ城下ノ稲ヲ苅、芦田下野守カ部屬依田肥前守・同源太足輕ヲ蒐テ城ノ兵ヲ引出ス、時ニ眞田安房守・同左衛門佐兩人兵ヲ出シ突戰フ、秀忠公ノ御近習ヨリモ朝倉藤十郎・中山助六・戸田半平・鎮目市左衛門・太田善太夫・辻太郎助・齋藤久右衛門・小野治郎右衛門等先登ニ進ンテ鎗ヲ合武勇ヲ振フ、淺見藤兵衛・小栗治右衛門モ爰ニ來リ勇ヲ勵ミ城兵ヲ追入ケル、依テ安房守父子中門ヨリ引入ノ處ニ酒井宮内少輔カ兵共喰付テ頻ニ打テ蒐ル、城兵モ踏止テ鐵炮ヲ放シテ防キケリ、酒井カ足輕大將隅山臼兵衛先登ニ進ミケルヲ城兵鐵炮ヲ以テ打落ス、牧野右馬允・榊原式部大輔カ兵等進戰フ、本多美濃守士卒ヲ下知シテ進ンテ城中ニ入ントス、時ニ本多カ家人淺井小兵衛・永田角右衛門能戰フ、眞田父子モ城中ニ引取テ門ヲ閉ル、寄手壁ニ付テ既ニ乗入ントス、爾ル處ニ大久保相模守・本多佐渡守秀忠公へ申上ルハ僅ノ小城ニ御人數ヲ費サレンモ如何成ハ、先軍勢ヲ引入ラレ上方へ御急キ御尤ノ由ヲ申ニ依テ秀忠公御馬ヲ小室ニ入玉フ、此日ノ朝ニ戸石城〈或ハ礪石〉ニ居タル眞田カ軍兵共城ヲ棄テ迯去ル、冠者ケ嶽ノ城〈或ハ冠者ケ巖〉ハ眞田カ侍大將池田出雲カ守リケルヲ日根野徳太郎吉重・石川玄蕃頭康長押寄テ攻ケルニ、池田出雲謀ヲ以遮テ襲ヒ來リケレハ日根野・石川カ勢敗軍シケリ、同八日ニ秀忠公ハ上田ノ壓トシテ森右近ノ太夫ヲ小室城ニ貽留セラレテ木曽路ヲ登玉フカ本多佐渡守カ諌ニ依テ和田峠ヲハ越ラレス役行者ヲ通リ玉フ、榊原式部大輔ハ其兵二千余人ヲ引分ケ直ニ和田峠ヲ越テ濃州へ趣キケルニ諸人皆榊原カ勇ヲ感シケルト云々

或記云、秀忠公ハ上田ノ城ヲ打圍ミ日々夜々ニ攻玉へ共城中ノ兵心ヲ一ツニシテ堅固ニ城ヲ相守リ折々突出戰ケレハ寄手ノ軍兵退屈シテ此城早速ニハ落へカラス迚遠巻ニシテ日ヲ送ケルニ、九月廿一日ニ家康公ヨリ早馳ノ御使上田表へ馳着テ秀忠公へ申上ケルハ、去ル十五日濃州關ヶ原ニ於テ東西二ツニ分レ合戰有シニ坂西ノ諸大將一戰ニ利ヲ失ヒ石田ヲ始悉ク敗軍シ諸大將大勢ヲ討取玉ヒテ關東ノ御利運ト成レリ、其地ニハ壓ヲ置レテ急キ上洛シ給へトノ仰ヲ申上ル、秀忠公ハ諸將ヲ召テ御評諚有ケルニ何レモ申上ルハ、此城ヲモ攻落シテ御上洛成サレ爾ルヘシト申ス、秀忠公仰ケルハ張本人ノ石田治部少輔カ敗北スル

上ハ此城モ頓テ降伏セン、人數ヲ弊シテ詮ナシ、唯遠巻ニシテ城ヲ守レ必攻コト有ヘカラスト軍兵多ク殘シ置レテ秀忠公ハ木曽路ヲ經テ上洛有ケルト云々

森右近大夫敗走之事

斯テ上方ニ於テ石田已下敗北シテ、或ハ生捕レ或ハ討死シ悉ク一統スルノ由上田ノ城中ヘモ聞ヘケレハ、安房守ハ士卒ヲ集ラレテ此上ハ天下ヲ敵ニ引受テ花聲ニ討死スヘシト有テ一途ニ謀ヲ定ラレケル、其頃川中島ニハ森右近大夫在城ニテ鼠宿迄人數ヲ引具シ出張有ケル處ヲ、昌幸ハ手勢計ニテ岩鼻ノ此方ヨリ例ノ黒四方ヲ押立テ詰掛ラレケルニ、川中島勢ハ思モ寄サル事故ニ周章騒ケル、右近大夫モ驚カレ取物モ取敢スシテ引退ケル、折節日暮ニ及ケルニ右近大夫ハ手燭ヲ持ナカラ馬ニ乗テ川中島迄退レケル、其体イチシルクアリケルト也

古老物語ニ云ク、天下一統ノ後ニ森右近大夫秀忠公ノ御前ニ有シニ、秀忠公武勇ノ御詮議有ケルニ井伊掃部頭申サレケルハ、右近儀ハ先年眞田ニ逢テ迯申候カ武勇モ是有候哉如何ト申サレケレハ、秀忠公モ兎角ノ仰ナカリシト也、云々

安房守昌幸父子高野山蟄居之事

去ル程ニ上方ノ諸將悉ク敗北セシカ共安房守昌幸・左衛門佐信繁父子ハ上田ノ城ニ在テ防戰ノ用意ヲナシ討死ヲ相待レシ處ニ、嫡子伊豆守信之身体ヲ抛テ父昌幸ノ一命ノ儀ヲ家康公へ御訴詔有ケレハ、家康公ニモ其ノ忠孝ヲ御感有、別儀ヲ以安房守・左衛門佐ノ一命ヲ御助有テ、兩人共ニ紀州高野山へ遣シ置ヘキノ旨ヲ命セラレケレハ信之有難キ旨ヲ御請有、即兩人ヲ紀州へ送ラレケル、又上田ノ城ヲハ破却有、昌幸ノ領地上田ト上州沼田ノ地惣シテ九万石ヲ信之へソ賜リケル、偖昌幸父子ハ紀州高野ノ麓久土山ト云處ニ蟄居有ケルニ、昌幸ハ慶長十八年丑六月四日ニ七十歳ニシテ久土山ニ於テ病死有、左衛門佐ニハ慶長廿年乙卯ノ五月七日ニ四十九歳ニシテ摂州大坂ノ城ニテ戰死有ケル也

或記云、關ヶ原ノ合戰ニ坂西方敗北シテ石田以下或ハ生捕レ或ハ討死シタリト聞ヘケレハ、石田三成ニ與力セシ諸國ノ大小名等敵ノ寄サルニ落行、或ハ降参

シ尻舞スル、其中ニ信州小縣郡上田城主眞田安房守昌幸父子ハ石田カ敗北ヲ聞テモ氣ヲ屈セス、結句兵粮・玉矢等ヲ取入テ猶堅固ニ籠城セリ、此事ヲ聞テ諸將押寄テ攻破リ御感ニ預ラン迚討手ヲ願望ム、家康公宣フ樣ハ眞田ハ武勇ノ者ト云、其上舊キ家ナレハ責殺サン事ハ不便也、殊ニ嫡子伊豆守ハ予ニ忠ヲ盡シテ毛頭不儀ナシ、何卒扱ヲ入眞田父子ヲ降ラセヨト仰有ケレハ他家ヨリ討手ヲ望ム事ハ叶ハサリケル、時ニ伊豆守信之ハ家康公ノ仰ヲ蒙リテ信州へ下リ、父安房守ニ對面シテ家康公ノ仰ヲ語テ樣々ニ異見ヲ加フ、爾レトモ昌幸曾テ承引ナク汝ハ數年家康公ニ從ヒ其上ニ縁者ノ好ミモ有ハ別テ懇意セラルト聞、ナレハ父カ爲ニ一命ヲ捨テ家康公ヲ刺殺スヘシト有ケレハ、信之對シテ年來家康公厚恩ニ預テ父ノ仰ナレハトテ害心ヲ起サン謂レナシ、今度關東へ敵對シ玉へハ父ナカラモ君ノ敵也、唯今雌雄ヲ決センハ安ケレトモ御使ニ來テ其子細モ中上ス私ニ討果サハ君へノ不忠也、重テ勝負ヲ仕ラン支度ヲナシ待玉へト坐ヲ立テ歸ケレハ、昌幸尤也ト對へ我子ナカラモ敵ナレハ安穏ニハ歸サシトテ足輕ノ兵ヲ以テ跡ヲ追セケリ、信之ハ馳歸テ右ノ次第ヲ有ノ儘ニ中上ル、家康公ハ父子ノ武勇忠節ヲ彌御感有テ爾ル上ハ汝馳向ヒ父ト弟トカ首ヲ刎テ來ルヘシ爾ルニ於テハ信州一圓百万石ヲ賜ルヘシト仰ケリ、伊豆守畏奉ルノ由ヲ申シ御前ヲ立テ宿所へ歸リ出陣ノ用意ヲナシ其後家康公ノ御目通ヲ用有ケニ立廻ル、家康公仰ケルハ何トテ來ル哉、出陣延引セント尋玉フ、伊豆守畏テ今度父カ討手ヲ仰付ラレ候コトハ身ニ余リ有難奉存候也、併ラ家人ノ安堵ノ爲ニ候間何卒御恩賞ノ御朱印ヲ頂戴シ出陣仕度ト申上ル、家康公聞シ召レ暫ク御思案有ケルカ誠ニ安堵ノ爲ナレハトテ即御朱印ヲ下サレケル、伊豆守謹テ頂戴有、宿處へ立歸リ陣用意ヲナシテ又御前へ出テ、御願申上ル儀候テ罷出ル旨ヲ申ス、家康公仰ニ手勢不足ナルニヨリ加勢ヲ願哉ト御尋有ケレハ、伊豆守申上ルハ今度安房守カ御敵仕ルニ付テ諸將討手ヲ望ム處ニ御情ヲ以某ニ討手ヲ仰付ラル丶ノ義ハ生前ノ面目有難キ仕合ニ候也、夫ニ就テ今度父カ命ヲ御助ケ下サレナハ此上ノ御厚恩ナラン、然ラハ先立テ拝領仕ル信州一圓賜ル處ノ御朱印ヲ返上仕リ度ト泪ヲ流シ言上有ケレハ、家康公頗ル御機嫌損シテ、兎角ノ仰モナク奥へ入玉ヒシカ暫ク有テ又伊豆守ヲ御前へ召レテ仰ケルハ、汝カ父安房守ハ度々我ニ敵對ヲナシ其上ニ此度モ石田ニ與シ謀叛人ノ張本一人二人ノ内ハ必ス死刑ニ究ル者也、然レトモ汝我ニ仕ヱテ忠節ヲ勵ミ聊モ私ナシ、其忠信ヲ感シ思フ處ナレハ唯今父安房守ト弟左衛門佐カ一命ヲ汝ニ與ル也、早速高野山へ遣スヘシト仰有ケレハ、伊豆守大ニ悦ヒ有難キ旨ヲ御禮申上テ直ニ信州へ趣テ家康公ノ仰ヲ具ニ申ケレハ、安房守・左衛門佐即上田ノ城ヲ出近臣少々ヲ召連テ高野へ趣テ久土山ト云處ニ蟄居有、安房守昌幸ハ慶長十八年ニ高野ニ於テ病死有、左衛門佐ハ慶長十九年ニ秀頼卿謀叛ノ時ニ大坂ノ城へ楯籠リ武勇ヲ天下ニ輝シ同廿年五月七日ニ討死有、去程ニ上田ノ城ヲハ伊豆守ニ賜リケリト云々

私ニ云、此事ハ安房守昌幸傳記并伊豆守信之傳記ト見合ナハ事正シカルヘキ也、今皆参考ノ爲ニ或記共ヲ擧ル者也

おわりに

本書で取り上げた「上田軍記」は、真田信之を祖とする松代藩真田家の家臣の手になる真田家の家記であり、徳川の大軍を上田表に迎え、これをわずか二、三千の軍勢で二度にわたって撃ち破った真田昌幸父子の活躍の姿が生き生きとつづられている。

原本の所在は不明であるが、写本が高遠藩藩校進徳館（現在、伊那市高遠町図書館蔵）のほか、長野県下、とりわけかつて真田昌幸の領地であった上田小県地方の旧家に毛筆写本が何冊か大切に保存されてきたのは幸いなことであった。筆者の手元にも数種の写本のコピーがある。あえて数種と書いたのは、写し手によって少しずつではあるが表現に違ったところがあるからである。

「上田軍記」の著者と成立の時期について探ってみると、これが必ずしもはっきりとはしない。真田家の初期の家記とも言うべき「滋野世記（松代通記）」（全二十巻）の最後に「上田軍記」上下二巻が入れられたということからすると、著者は「滋野世記」の編者である桃井亦七郎友直であり、成立は「滋野世記」が完成した享保十八年（一七三三）と考えられる。件《くだん》の「上田軍記」の本文に「この時の始末は、詳細に『昌幸伝記』と『信之伝記』の中に記しておくので、今ここには略して載せない」とか「このこと（ここに書いたこと）は『安房守昌幸伝記』と『伊豆守信之伝記』と見合わせたならば、ことが正しくなるであろう。今参考のためにある記のすべてを挙げておく」と書かれていることなども、その証といえよう。しかし、桃井が編者であることを重視すると、あるいは著者は別におり、成立はそれ以前ということも考えられる。しかし、本文中に「この沼田七騎の子孫たちは、今皆家来となって当家に仕えている」とか「この信幸の書状は、恩田長右衛門の家に伝えられている」などと書かれていることや、本文中に引用されている石田三成からの書状など藩の重要書類（機密書類）を見られる立場にあった人物であることなどから考え（仮に著者が桃井亦七郎ではないとしても）、真田家の家臣、それも上級の家臣であったことは間違いない。また、成立の時期は、真田氏の活躍を描いた軍記物語として広く流布したものに「真田三代記」や「真田三代実記」などがあるが、これらが赤穂浪士討ち入りの元禄十五年（一七〇二）以降の成立といわれていることなどからすると「上田軍記」の成立も、享保十八年（一七三三）をさかのぼったとしても十八世紀初めころまでと考えてよさそうである。

ついでながら「滋野世記」の原本は現在所在が不明で、写本が十巻までしか残されておらず、後半の十巻はまとまった形では残されてはいない。

また「真田三代記」や「真田三代実記」等が、歴史小説（幕府の支配に苦しむ民衆の夢を満足させるためのフィクションが中心）なのに対し、この「上田軍記」は、軍記物語とはいっても松代藩真田家の家記として編纂されたものであり、あくまで史実に沿おうという姿勢が各所に見られる。

この「上田軍記」がどのような経過で庶民の手に渡ったかは定かでないが、識者によって筆写が繰り返されて民間でも広く読まれ、人々に夢を与えていたであろうことは想像に難くない。その意味では、ほかの軍記物とも共通した一面も持っている。

本書は「上田軍記」の現代語訳と原文の二部構成とした。現代語訳についてはできるだけ原文に沿うよう努めたつもりであるが、要約したところも数か所ある。原文については、まえがきにも紹介した『蕗原拾葉』所載の「上田軍記」を底本とし、北条家本・清水家本ほかによって若干の修正を加えてある。また、真田信之については、前半では信幸を、後半では信之を意識して使用した。理由は、関ヶ原の戦い以後真田信之が徳川氏にはばかって父昌幸と同じ「幸」を使わずに「之」を使うようになったためである。

表現の稚拙なところはもちろん、勝手な思い込みによる間違いもあるかと思うが、先学諸氏および読者の皆さんの温かなご教示をいただけたらと願っている。現代語訳と原文の二部構成としたのは、そのような意図があったことと、これを機会に原文の全体を広く研究者はじめ同好の皆さんに供したいと考えたためである。

終わりに当たって、本書の作成に関し「上田軍記」の写本の所蔵者の皆さんはもとより、励まし支えていただいた皆さんに心より謝意を表したい。

二〇〇六年秋

訳　者

『信州上田軍記』文庫化にあたって

今年に入り、ほおずき書籍から『信州上田軍記』（平成十八年発行）を文庫版にして改めて出版したい旨のお話をいただいた。実は訳者である私も、時と共に気になる箇所がいくつか見つかり、何とかしたいものと思っていたところでもあった。

そこで「蕗原拾葉《ふきはらしゅうよう》」所載の「上田軍記」と手元にある三冊の「上田軍記」のコピー（北条家本・清水家本・上田市立博物館本）の突き合わせを改めて行い、より正確なものにするよう努めたつもりである。

研究者の中には「上田軍記」は軍記物語であるという人もいるが、編者の桃井亦七郎は丹念に研究調査をした上で自らの考えを述べると共に「或る記に」とか「或る説に」とか「一説に」とかいうように異説をも幅広く紹介しており軽々に軍記物語というのは当たらないように思う。偶々天保年間（一八三〇〜四三）に河原綱徳によって編纂された松代藩真田家の家記「真田家御事蹟稿」が「上田軍記」に紹介されている異説を「異本上田軍記」と紹介したことから雑多な「上田軍記」があるように誤解され、その価値を疑う人が生じてしまったのであろうか。私が今日までに出会った「上田軍記」は、すべて桃井亦七郎の手になる「上田軍記」の毛筆写本であり、異本なるものを未だ目にしていない。

訳本をじっくり読むと共に、原文にも挑戦してみていただきたい。きっと、「上田軍記」の持つ価値に気づいていただくことができると思う。

文末となったが、新たな装いの『信州上田軍記』の出版をご提案いただいた、ほおずき書籍の皆様に心より感謝を申し上げ、あとがきに代えさせていただく。

二〇一五年秋

上田市上田原の寓居にて　堀内　泰

《参考文献》

○上田軍記

・進徳館本　『蕗原拾葉』所載（上伊那郡高遠町藩校進徳館→伊那市高遠町図書館蔵）　昭和十一年刊

・北条家本　上田市舞田　北条彰一氏蔵

・清水家本　上田市小泉清水家→小県郡青木村清水利益家→訳者蔵

・久保田家本　長野市篠ノ井会久保田家→上田市立博物館蔵

○真田家御事績稿　『新編信濃史料叢書』所載　昭和五十二年刊

●本書は二〇〇六年十二月に小社より刊行された作品に若干の修正を加え発刊したものです。

堀内　泰（ほりうち・やすし）

信州大学教育学部卒
長野県下の小・中学校に勤務（信州大学附属松本中学校副校長・小県東部中学校長）、元上野が丘公民館長
現在、東信史学会会員、上小郷土研究会副会長など
主な著書
『信州上田軍記』『信州上田騒動右《すけ》物語』（ほおずき書籍）、『上田大紀行』（郷土出版社）、『〈歴史群像シリーズ戦国セレクション〉奮迅　真田幸村』（学研プラス）
『丸子町誌』『真田町誌』『上田市誌』など分担執筆

信州上田軍記
真田昌幸父子、家臣、領民らの活躍を描く

平成27年12月29日　初版発行

訳　者　堀内　泰
発行者　木戸ひろし
発行所　ほおずき書籍株式会社
〒381-0012 長野市柳原2133-5
電話（026）244-0235㈹
web http://www.hoozuki.co.jp/
発売元　株式会社星雲社
〒112-0012 東京都文京区大塚3-21-10
電話（03）3947-1021

ISBN978-4-434-21514-8
乱丁・落丁本は発行所までご送付ください。送料小社負担でお取り替えします。
定価はカバーに表示してあります。

HOOZUKI SHOSEKI